中华上下五千年·夏商周

阅读书架【双色版】

冯慧娟 ◎ 主编

辽宁美术出版社

图书在版编目（CIP）数据

中华上下五千年.夏商周/冯慧娟主编.—沈阳：
辽宁美术出版社，2017.12（2019.6重印）
（全民阅读书架）
ISBN 978-7-5314-7850-8

Ⅰ.①中… Ⅱ.①冯… Ⅲ.①中国历史—三代时期—
通俗读物 Ⅳ.① K209

中国版本图书馆 CIP 数据核字 (2017) 第 310590 号

出 版 社：辽宁美术出版社
地 　 址：沈阳市和平区民族北街 29 号　邮编：110001
发 行 者：辽宁美术出版社
印 刷 者：北京一鑫印务有限责任公司
开 　 本：787mm×1092mm　1/32
印 　 张：5
字 　 数：100 千字
出版时间：2017 年 12 月第 1 版
印刷时间：2019 年 6 月第 5 次印刷
责任编辑：童迎强
装帧设计：新华智品
责任校对：郝 　 刚
ISBN 978-7-5314-7850-8

定 　 价：29.80 元

邮购部电话：024-83833008
E-mail：lnmscbs@163.com
http://www.lnmscbs.cn
图书如有印装质量问题请与出版部联系调换
出版部电话：024-23835227

前言|FOREWORD

　　古罗马著名历史学家李维曾说过："研究研究过去的事，可以得到非常有用的教育。在历史真相的光芒下，你可以清清楚楚地看到各种各样的事例。你应当把这些作为借鉴。"我国古代著名帝王唐太宗也曾经说："以史为鉴，可以知兴替。"的确，如果能够通过阅读了解一些历史知识，总结一些兴亡成败的教训，无疑将有助于我们在面对人生时做出明智的选择和判断。可以说，读史是我们积累经验、增长见识、汲取智慧的重要途径之一。

　　然而，当我们回首过去，试图了解那段跌宕起伏的岁月，探访先人的事迹和心声时，却常常因为历史过于广袤浩瀚而感到茫然。面对长达五千年的中国历史，我们该以怎样的方式去解读呢？其实，历史的一切起承转合，大都源于一系列的人物和事件。这些人物和事件或是开启了一个新的时代，或

是扭转了历史前进的方向，或是为历史的发展埋下了伏笔……它们点点相连，构成了整个历史的庞大体系。因此，了解了这些人物和事件，也就能够窥斑知豹，找到开启历史大门的钥匙。

为此，我们特地为热爱中国历史的读者量身定做了"中华上下五千年"系列的七本书，从夏商至明清，选取中国各个历史时期的重要人物和重要事件，以简洁明快的语言，精美生动的图片来讲述历史故事，力图帮助读者系统了解中国历史的整体架构，探寻那些荣辱沉浮的深层原因。

我们相信，这套书一定能够为广大读者带来一些有益的启迪。

目录
CONTENTS

传说时代

追溯人类的源头（约300万年前～前21世纪）

夏朝

奴隶制王朝的开端（前2070～前1600年）

殷商

青铜文化的繁荣（前1600～前1046年）

西周

礼乐文明时代（前1046～前771年）

传说时代

追溯人类的源头（约300万年前~前21世纪）

盘古开天辟地

远古时代，人类的认识有限，不懂得大自然的奥妙。他们看到日出月落、雷电交加等自然现象，就认为是"神"在幕后操纵着，于是就创造了众多神话。从神话中，我们能发现古代人类企图征服自然的雄心和与命运进行抗争的信念。"盘古开天辟地"是关于人类起源的神话。传说中的盘古高大无比，他是世界的创造者，被称为"天地万物之始"。

混沌初开

相传，在天和地尚未形成的时候，宇宙宛若一个巨大的鸡蛋，里面漆黑一团，混沌不清。不知从何时起，其核心开始慢慢地孕育着一个精灵，他就是盘古。他躺在卵状的宇宙中香甜地酣睡着，并在这片混沌中慢慢成长。千百万年过去后，盘古由一个小婴儿长成了一个体格健硕的巨人。

盘古继续在混沌中大睡，约莫过了一万八千年

盘古像

盘古开天辟地

后才慢慢转醒。他看到自己身处黑暗中，不见一线光明，心里感到异常憋闷，于是，他决定把这个大蛋壳打破。

　　盘古从身旁摸出一把利斧，然后用巨掌抓着斧头狂舞，劈向无边的黑暗，双脚也全力一蹬。"咔吧"一声，震耳欲聋，大蛋壳一下便碎了。这一下也震动了汇聚千万年的混沌，它们中重而混浊的物质逐渐下沉，形成宽阔的大地；那些轻而清的物质逐渐上升，慢慢地松散开，变作蔚蓝的天空。

盘古担心天和地还会聚合，重新变成一个整体。于是，他双脚紧踩大地，双手托着蓝天向上举，尽量使天和地的距离变大。盘古每天长一丈高，天和地也随之拉开一丈。日复一日，年复一年，时光又过去了一万八千年。这时，天愈来愈高，地愈来愈厚，盘古的身躯已有九万里长了，在他的努力支撑下，天和地也相距九万里。

最终，天高高笼罩在大地之上，定住不动了。盘古劳累不堪，精疲力尽，他躺下来，从此便长眠不醒。

天地万物之始

临终前，盘古嘴中呼出的气体化作了阵阵春风和天上的云朵；叹息变作了高空的电闪雷鸣；左眼成了耀眼的太阳，悬在高空，把温暖送到人间；右眼成了皎洁的月亮，在夜晚挂在天空；头发和胡子则化成夜幕中一闪一闪的繁星。在之后的千万年里，盘古的头化为东山，脚变作西山，左臂变成南山，右臂化作北山，身躯则成了中山，这五座大山高耸在辽阔的大地上，就像巨大的石柱，共同支撑起天空。这五座神山也像定位坐标，确立了四方形大地的中心和四个角。盘古流淌的血液化作江河湖海，浩浩荡荡，永不停息；筋脉成了蜘蛛网似的道路；肌肉变作黑黝黝的田野；牙齿、骨骼和骨髓化成了地底深埋的矿藏；皮肤和汗毛变为大地上的树木花草，汗水变作滋润植物的雨露甘霖。最后，他的魂魄灵气变成了鸟兽虫鱼等生物。

女娲造人

在上古神话中，女娲是人类的始祖神。相传，她用黄土以自己为原型捏成人，从而使人类社会得以诞生。她还给人类规定了婚姻制度，让男女青年结婚生子，孕育子孙，所以又被称为婚姻女神。

女神的寂寞

且说盘古开天辟地之后，又用躯体创造出日月星宿、

女娲像

江河湖海、风云雷电、雨露甘霖。他残留在天地之间的魂魄灵气也逐渐变成鸟、兽、虫、鱼，给寂寥静穆的世界添加了勃勃生机。

有一天，天神女娲来到盘古创造的天地之间。她人面蛇身，行走在茫茫的荒原上。她放眼望去，只见崇山峻岭，江水滔滔，草木茂盛，百鸟和鸣，整个世界风景如画。可是，她总觉得世界少了点什么，却又一时说不出来，只是感到有些单调乏味。

她向鸟、兽、虫、鱼诉说衷肠，对草、木、山、川倾吐苦闷，可是它们都没什么反应。女娲郁郁寡欢地坐到一个池边，望着自己水中的倒影出神。突然，风将一片树叶吹落到池中，水面立刻泛起了圈圈涟漪，模糊了她的倒影。她恍然大悟：这世界缺少的，正是一种像她一样有灵性、能说话、会思索的生物！想到这里，她决定亲自动手，创造出这样的生命来！

黄泥捏就的人类

女娲用手在池边挖了些泥土，然后浇水调成泥巴，比照自己的形象开始捏起来。

三捏两捏，就捏成了一个纤小的泥人，它五官分明，还有四肢和七窍。女娲把泥人放在地上，心里想，这个泥人除了有生命外，还要有思想，要和自己一样能够思考，有七情六欲，有喜怒哀乐。于是，她就对着泥人的嘴巴吹了一口仙气，泥人便活了起来。对这个聪慧活泼的小生灵，女娲十分喜爱，并给它取名叫"人"。

女娲捏啊捏啊，一直不肯休息。她在一些泥人身上吹了阳气，里面含有一种争强好胜的雄性物质，于是这些泥人就变作男人；她在其他泥人身上吹了阴气，里面含有一种柔和温驯的雌性物质，于是她们成为女人。

女娲想捏出更多的小人，让他们遍布整个大地，可是这样捏下去效率太低了。忽然，她看到

伏羲女娲图

一条粗壮的藤蔓，就将它拿在手中，先向黄浊的泥浆里一蘸，然后猛地甩向地面。只见泥浆四溅，一落到地面上就变成了小人，蹦蹦跳跳。女娲手持藤条，不停地甩动着，地上的人也愈来愈多。他们三三两两结伴而行，有的登上高山，有的下到水中，还有的步入森林，过着各不相同的生活。后来，女娲还参考动物繁衍后代的办法，让人类也男女结合，传宗接代。由于人类是仿照神仙创造的生灵，不能和禽兽一样，于是她给人们制定了婚姻制度，以区别于禽兽的媾和。因此，后人也奉女娲为"神媒"。

大神伏羲

伏羲是中华民族共同的祖先，是中华文明的始祖。在传说中的伏羲时期，上古文明曙光就已经照射大地了。伏羲借鉴天地间阴阳变化的原理，创造了八卦；他还仿效大自然中的蜘蛛结网，制成了网罟，并教人们用它来打鱼捕猎。

"雷神"之子

伏羲又称宓羲、庖牺、包牺、伏戏，还称牺皇、皇羲、太昊，《史记》中则叫伏牺。相传伏羲人首蛇身，是当年华胥国公主不小心踩了雷神的脚印而生下的孩子。

很久以前，在中国西北很远的地方有个世外桃源，叫华胥国。华胥国的公主叫作华胥。一天，她偷偷溜出去玩耍，无意间走到了雷泽这个地方。突然，她看到地上有一个巨大的脚印，非常好奇，禁不住把脚伸进去，想比比这

伏羲像

脚印究竟有多大。不料，她刚把脚放到脚印上，巨雷轰隆作响，只见空中有个长相怪异的巨人对她笑笑，随即消失了。

华胥公主受了惊吓，尖叫一声跑回家了。从这天起，她便怀了身孕，肚子一天天大起来。更加怪异的是，她这身孕一怀就是12年。最后，华胥公主生下一个活泼可爱、聪明伶俐的男孩，取名"伏羲"。伏羲生来就异于常人，他人头蛇身，力大无穷。

教人结网捕鱼

伏羲慢慢长大了。由于他才能非凡，人们就拥他为帝。他积极地改革陋习，造福百姓。有一天，伏羲来到河边，看到水中的鱼虾在嬉戏，便想，如果能把鱼虾捕到，百姓的食物问题就解决了。次日，伏羲见到一只蜘蛛在精心结网，结好后悄悄地守在旁边。不一会儿，飞来一只昆虫，一头撞到网上被粘住了。伏羲灵机一动，借鉴蜘蛛结网的技法，编了一张细密坚韧的网。他来到河边，把网撒到水里。过了一会儿，他小心地把网拉上来，里面真的有几条鱼！伏羲立刻大力推广结网捕鱼的方法，后来又把这个方法灵活运用到捕鸟上面，从此以后，百姓的食物来源大大拓宽了。后来，他还向百姓传授了驯养野兽的办法，人们便有了家畜，过上了比较富足的生活。

观天察地画八卦

伏羲学识渊博，天文地理无不通晓。他洞悉世间万物的内在规律，是一位伟大的文化始祖。

相传，伏羲创造了八卦。远古时期，人们对大自然的认识很有限，每逢狂风暴雨，雷电交加，便又恐惧又疑惑。伏羲想通晓这些自然现象的规律，便常常登上卦台山顶（今甘肃天水境内），上观天象，下视地理。一天，他又到山中观察，忽然看见对面山洞里蹿出一只龙头马身的异兽，这异兽一跃而起，跳到山下渭水河中的大石上。石头就像圆形的太极图，和它身上的花纹遥相呼应，伏羲受到启发，画出了八卦。

伏羲用乾代表天，坤代替地，水则用坎代替，火用离代替，山用艮代替，雷用震代替，风用巽代替，泽用兑代替。伏羲教会人们用八卦来推演世间万事的规律和本质，他还教会人们怎样用八卦占卜吉凶，获取神的旨意。

伏羲的其他功绩

伏羲发明了琴瑟，并谱写乐曲，用于礼仪、宗教、占卜、巫术等方面；他规定了姓氏，自封为风氏，同时把人们分成不同的氏族，并划分地盘，任用官员去管理，使后世治理国家有例可循；他创造了医学，《帝王世纪》中称伏羲"味百药而制九针"，千百年来，医学界一直尊奉他为医药学、针灸学的鼻祖；他革新婚姻风俗，提倡婚俗礼节，并将族内婚改成族外婚，终止了长期盛行的原始群婚状态。总之，他采取了诸多措施，打开了早期人类文化宝库的大门，使人们从原始愚昧的状态迈入了文明的殿堂。

燧人氏钻木取火

远古人不懂得怎样取火，过着茹毛饮血的生活。相传，燧人氏是人工取火的发明者。他钻木取火，并教人们把食物烤熟后再吃。人工取火的发明，使人类告别了茹毛饮血的时代，开创了人类文明的新进程。因此，后人非常爱戴和敬仰燧人氏，把他推崇为三皇（伏羲、燧人、神农）之一，并尊他为"火祖"。

茹毛饮血的远古时代

远古时期的人们落后、野蛮、愚昧，不知道创造和利用火这种东西。每当夜幕降临，世界就漆黑一团，猛兽的嚎叫声连绵不绝，遥相呼应，人们十分害怕，又因为寒冷，所以每个人都紧紧地蜷缩成一团。而且，人们吃的食物都是生的，不但生吃植物果实，就是捕来的野兽也是狼吞虎咽，连毛带血一块吃下去。因此人们常常得病，寿命极短。

偶然的发现

后来，天帝动了恻隐之心，给一个伶俐的年轻人托梦说："燧明国有火种，就在遥远的西方，你可以把火种取回来。"年轻人醒后，下定决心去燧明国取回火种。

年轻人上路了，他跋山涉水，穿过密林，越过平原，历尽曲折，最后来到了燧明国。这里太阳、月亮都照不到，不分昼夜，黑暗无边。人们既不知白天黑夜，也不知春夏秋冬。燧明国有棵参天巨树，叫作燧明树，这棵树枝繁叶茂，占地十万亩。大树上生活着很多啄木鸟，它们在树上"笃、笃、笃"地啄着，每啄一下，树上就有耀眼的火花闪现。也只有在此时，燧明国的人才能目睹到珍贵的光明。

在黑暗的燧明国里，年轻人找了很久也没找到火种，心里很失望。有一天，他无意中来到燧明树下，倚着树干小憩。忽然，他看到几只啄木鸟正在树上啄虫子，每啄一下，就有明亮的火花闪现。他受到启发，折下了一些燧明树的树枝，用小树枝去钻大树枝。摩擦处果然闪出火星，可惜火还是没法点起来。年轻人不肯放弃，他找来各种各样的树枝，不断地做着试验。费了九牛二虎之力后，他终于钻出了火！

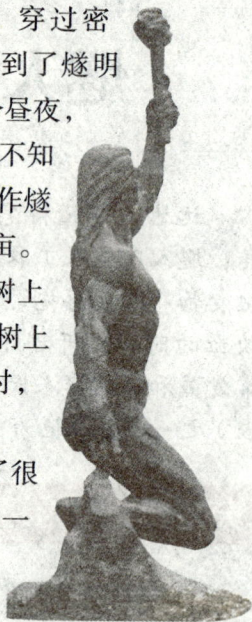
燧人氏钻木取火雕像

钻木取火的改进

年轻人高兴极了。他当即翻山越岭，回到阔别已久的家乡，教给人们怎样钻木取火。其后，他不停地钻研，不断改进取火的手段。有一天，他试着取来一根很粗的树干，先用石刀刨平，再拿起一段较细的树枝，用石刀削尖。接着，他把削尖的木棒扎到刨平的树干上，周围覆盖上易燃的干叶、枯草，然后飞快地转动削尖的木棒。令人惊喜的现象出现了，干叶、枯草中很快就有黑烟冒出，使劲一吹，就升起了红彤彤的火焰！这种方法使钻木取火的效率大大提高了，人们取火方便了许多。

从此以后，人们告别了夜晚的寒冷和黑暗。火的使用是文明的第一缕曙光。人拥有了火，才真正和其他动物区别开来，变成名副其实的万物之灵！为了缅怀这个带给人们光明与温暖的青年，人们便称他为"燧人"，即从燧明国取回火的人。

钻木取火使用的工具

神农氏遍尝百草

在民间传说中，神农氏被认为是中华民族的祖先，是三皇之一。在农业上，他教会人类播种五谷；在医学上，他教人们服食百草来治疗疾病。他向人们传授耕作的知识，发明了木制耒耜，使农作物的产量大大提高；他还遍尝百草，发现药材，救死扶伤。

跋山涉水，寻找治病良方

古时候，五谷、药物和杂草均生长在一起，杂乱无章，人们很难分辨清楚。当时也没有什么医疗手段，人们一旦患病，便束手无策，听天由命。神农氏眼睁睁看着这一切，心急如焚。一天，医术精湛的神灵太一皇人赠他一部《天元玉册》，该书对种种起死回生、化腐生肌的琪花瑶草均有详细记载。他考虑了三昼夜，决心从自己所住的历山动身，前去西北大山寻觅这些能治病救人的奇花异草。

神农氏带着一些随从，浩浩荡荡地出发了。他们走了七七四十九天，终于看到了一

神农氏塑像

座大山。这座大山高耸入云，怪石嶙峋，奇花异草漫山遍野，花香扑鼻。他们刚要动身上山，忽然，一群猛兽从峡谷里扑了出来，将他们团团包围，张开血盆大口就要吃人。神农氏和随从立即甩开鞭子抽向这群猛兽。猛兽源源不断地扑过来，直到七天七夜之后，它们才被全部赶跑。据传，虎、豹、蟒蛇挨了神农氏等人的鞭子，身上留下了一条条伤疤，后来这些伤疤就变成了它们体表的斑纹。

神农尝百草

　　神农氏和随从们继续向前走，一道绝壁横亘在他们面前，挡住了去路。神农氏想了很多办法，还是上不了山。突然，他瞥见一只猴子在山壁前顺着藤蔓攀援而上，便心生一计。他让随从割下藤蔓，沿着岩壁搭起架子。一天搭一层，耗时一年，终于搭到了山顶。神农氏率领随从，攀着架子抵达了山顶。山顶上百花盛开，遍地是琪花瑶草。神农氏大喜过望，令随从栽下一排排冷杉，用来抵挡野兽的袭击，他自己则在冷杉林内结庐而居。后来，人们把他的居住之地称为"木城"。

身体力行，亲自尝百草

　　神农氏妥善安排了随从，便开始品尝百草。据传，他生来是个"水晶肚"，五脏六腑能看得一清二楚，吃下去的东西也能看见。他亲身试药，观察药草怎么在体内发挥功效。他事先准备了两个袋子背在肩上，美味的草便放到左边的袋中当食物，不好吃但功效特别的，则放入右边的口袋为草药。

神农氏先拿起甘草品尝，觉得味甘、性平，能解毒泻火；他又咬了口乌梅，齿酸生津且涩肠敛肺；嚼花椒而气开，食辣芥则泪流……诸如此类，举不胜举。为了品鉴百草，他平均一天中毒12次，多亏他医术精湛，才平安无事。

据说有一次，神农氏误吃了一株毒草下去，刹那间就感觉天翻地覆，一头栽倒在地上。他清楚自己身中剧毒，但是一句话也说不出来。他用尽最后一丝力气，指指自己的嘴巴，又指指眼前一株红灿灿的灵芝。随从急忙将那株灵芝嚼碎，然后喂到他口中。神农氏服下灵芝草，剧毒立解，得以脱险。

神农氏尝尽一座山的花草，又换一座山接着尝。最后，他踏遍那个地方的山川，终于品出了麦、稻、粟米和许多能作为食物的豆类；他还尝出草药356种，可以治愈百病，后人据此撰成了《神农本草》一书，泽被苍生。

多年以后，神农氏打算携带采集的种子和草药下山，却发现登山时搭的架子已生根发芽，长成了林海。神农氏正在发愁，忽然飞来一群白鹤，将他和身旁的随从接到天庭去了。后人为了缅怀神农氏的功绩，便将这片林海叫作"神农架"。

炎帝传说

在传说中，炎帝是上古帝王，以火德王，故称"炎帝"。他开创了农业，使中国进入了农耕社会。今天，中国人自称"炎黄子孙"，认为自己是炎帝和黄帝的后代。

神龙之子

相传，炎帝是神农氏的后裔，是上古时期姜姓部落的首领。炎帝的母亲任姒游览华山，目睹了一条神龙，有感而孕，后来便生下了炎帝。炎帝于烈山石室出生，在姜水长大，有圣德，以火德王，故号炎帝，也叫赤帝、烈山氏。炎帝幼时天资过人，出生三天会说话，

炎帝像

五天能走路，三岁便知农事。炎帝在治理部落、整顿天下方面颇有建树。他不计得失，一心造福民众，而且睿智无比，受到天下人的爱戴。他德高望重，不施刑罚，人民就改邪归正；不必征战，人民便财物充足；没有律令，人民仍俯首听从。

中华农耕文明的创始人

　　在长期的生产实践中，炎帝及其率领的部落创造了丰富的物质和精神财富，给中华文明的发端和中华民族的形成，打下了最早的物质与文化基础。据传，炎帝的主要成就有："始种五谷以为民食，制作农具以利耕耘，治麻为布以御民寒，陶冶器物以储民用，削桐为琴以怡民情，日中为市以利民生，剡木为矢以安民居，重演八卦以探天象"等，可谓功盖千秋，德泽后世。

　　炎帝所开创的原始农耕是中国历史上的首次大变革，结束了人们靠渔猎和采野果为生的历史。而炎帝带领民众开天辟地的艰苦创业精神，自强不息的开拓进取精神，更是成为了中华民族自尊、自信、自强、自立精神的典范。由此而生成的炎帝文化与黄帝文化融合成炎黄文化，它博大精深，源远流长，是中华文明的源泉。

炎帝陵

"人文初祖" 黄帝

传说中，黄帝是华夏民族的祖先，居五帝之首。黄帝时期，养蚕、舟车、文字、音律、医学、算数都已发明，且获得突出进展，其功勋被世代所称颂，有华夏"人文初祖"的美誉。

黄帝的神奇出生

据说，黄帝姓公孙，由于在轩辕之丘降生，故号轩辕氏；在姬水长大成人，因此又姓姬；后来担任有熊国国王，所以也叫有熊氏。他以土德为王，土呈黄色，因此称黄帝。

据传在河南新郑，从前有座小土山，名叫具茨山。山下有条姬水河，河边有个山洞，洞里居住着一对膝下无子的老夫妻。老翁姓公孙，名少典，老太婆叫附宝。

一天，附宝正在北山坡挖野菜，一阵旋风忽然平地而起，刹那间飞沙走石，天昏地暗。雷声响过之后，一道白光从天而降，盘旋在附宝头上，附宝立即晕倒在地。她醒来后，但见繁星密布，星光璀璨，而且她

黄帝像

惊讶地发现，自己竟然怀孕了！

附宝怀胎24个月后，生下一个又圆又大的肉疙瘩。这肉疙瘩一降生就疯长，不一会儿，一个十几岁大的孩子就破壳而出了，他便是轩辕黄帝。他生来就有四张面孔，可以同时留神东南西北四方的风吹草动，也可以知晓天上人间的所有事情。他可以驱使宇宙间的阴阳二气会合，碰撞成闪电，震荡成雷声，交融为雨水，飘动成风，弥漫为雾，凝聚为霜，汇聚成云，架起来则成彩虹。天上的雷神、电神、风神、雨神全都听命于他。

平定天下，创造文明

很快，轩辕氏就因为才能出众，德行高尚，被拥戴为帝。当时，各方帝王都以颜色作为称号，东方的称青帝，南方的称赤帝，西方的称白帝，北方的称黑帝，轩辕氏地处中间，称黄帝。黄帝大兴农业，驯化鸟兽，开矿炼铜，使百姓积聚了许多粮食和财富。四方的帝王非常嫉妒，一起发兵进攻中原，妄图瓜分黄帝部落的财富。

黄帝亲率众神和兵将抵达边关抗战，前后历经52次战役，终于击败了四帝，统一天下，使自己的地位得以稳固。此后，黄帝划州分野，制定礼乐，劝谕百姓，使华夏国家逐渐呈现雏形。

黄帝及其下属创制了用于日常生活的种种用具。比如，大臣胡巢创制了帽子，伯余制造了衣服，于则发明了鞋子。黄帝根据树叶漂浮在水上的原理发明了舟船，大臣共鼓又制造了船桨。黄帝还依据纺轮的原理创制了轮车，使交通大为便利。此后他又下令建造房屋，修筑城邑，让百姓告别了穴居的生活。

黄帝还定下万事万物的名称，划分二十八星宿，用甲乙等天干及子丑等地支来纪年月，定六十年为一甲子，从此以后，人们才有了时间观念。黄帝又令仓颉造字，从此，华夏文明才得以依靠文字代代相传。黄帝还和岐伯合写了巨著《黄帝内经》，用来治病救人。

龙图腾下的传人

有一天，黄帝忽然想到，华夏各部应当确定一个共同的图腾。他传来仓颉和风后，用手指着各种各样的图腾说："我们应该有一个共同的图腾，为了顾及各个部落的情绪，从全局出发，我打算依据各部落图腾的特征，创造出这样一个特殊的图腾：蛇身，鱼鳞，马头，狮鼻，虎眼，牛舌，鹿角，象牙，羊须，鹰爪，狗尾。可是这个图腾又该叫什么呢？"

仓颉答道："我看，干脆给它造个名字，就叫'龙'吧！既能腾云驾雾，呼风唤雨，又能搅海翻江。"黄帝听后非常高兴，当即就定下了。此后，龙就成了中华民族的象征，华夏子孙皆是"龙的传人"。

黄帝陵中的碑亭

颛顼 "绝地天通"

颛顼是一位文武双全的帝王，位列五帝之一。颛顼在位期间创建九州，使中国第一次有了版图疆界；建立了管理机构，规定婚姻嫁娶的制度，提倡男女有别，长幼有序；严令禁绝巫教；改革历法，划分出四季和二十四节气，被后世推崇为"历宗"。据说，他能"绝地天通"，使得神人两清，阴阳分明。

颛顼的出身

颛顼号高阳氏，是黄帝的曾孙，居住在帝丘（今天河南省濮阳附近）。传说黄帝死后升天，成为人神共主。他有个儿子叫作昌意，在天庭违背了天律，被贬到人间的若水受难，生下了儿子韩流。韩流的外貌极为怪异：人脸，猪嘴巴，小耳朵，长脖子，身子似麒麟，脚如猪蹄，两条后腿不能分开，在一起连着。韩流便是颛顼的父亲。颛顼的出生颇不平凡。传说他的母亲女枢夜晚出去赏月，突然从月亮里发射出一道金光，宛若一道漂亮的彩虹划过浩渺的苍穹，最后落入了她的肚子。后来，她便怀

颛顼像

孕生下了颛顼。

颛顼少时天资聪颖，颇得叔父少昊的青睐，曾经协助叔父治理过百鸟之国。颛顼长大以后，做了北方的天帝，与他的下属海神禺强一起执掌着银妆玉砌、冰天雪地的一万二千里雪原。后来，中央天帝黄帝由于年事已高，有时便让颛顼代为行使皇权，因此颛顼在一段时间里，还当过人神共主。

截断天地通道

颛顼拥有极高的政治才能和组织能力。他执掌政权后，改革时弊，励精图治，命令天神重和黎截断了天地之间的通道。

在此之前，虽然天和地是分开的，但它们有道路相通，也就是"天梯"，可以让那些有贤才、具美德的人登上天庭，向天神报告请示，也能让天上的神仙下到凡间，关心民生，体恤民情，普度众生。

重和黎两尊天神接到了颛顼的旨意，便来到天地的中心地带，各自伸出硕大无朋、汗毛密布的手臂，一个用力往上托天，一个使劲向下摁地。如此一来，天梯便"咔嚓"一声折断了。没有了天梯的束缚，天与地的距离越来越远。天上的神仙不能随心所欲地跑到地上来，地上的凡人更不能随随便便地登到天上去了。而重和黎两位天神截断了天梯之后，重跟着天飞升，到天上做天神；黎伴着大地下降，留在凡间做地神。

共祖帝喾

　　帝喾位列上古五帝之一，是颛顼的侄子，享年105岁。他"生而神灵，自言其名"，长大成人后取代颛顼为帝，称为高辛氏。帝喾继位以后，"聪以知远，明以察微。顺天之义，知民之急。仁而威，惠而信，修身而天下服"。他统治天下长达70年，其间，四海升平，国泰民安。

"高辛"的来历

　　据说帝喾刚一诞生，便有许多神秘奇异之处：他一生下来就会说话，能说自己的名字；长相尤为奇特，头似鸟，但头上还生有两只像山羊一样的角；身躯就像猴子，极其瘦小，全身毛发密布。令人尤为惊奇的是，他仅有一只脚。

　　关于"高辛"二字的来历，还有个传说。据说，颛顼时期，有九个国家联合叛乱。颛顼采用帝喾的离间计，一举平定了叛乱。帝喾因荣立头等功，被颛顼封到"辛"这个地方，执掌辛地大小的事务。

帝喾像

当时，辛地经常发大水。洪水来了，老百姓就搬迁到其他的地方；可是刚迁到新地方，又发洪水了，老百姓只好又搬回原地。搬来搬去，动荡不安。帝喾见此，忧心忡忡。他想出一个方法，率领大家把住处垫高。但人力毕竟有限，住处增高的速度总也比不上水涨的速度。前一天垫高的地方，次日一看，已经浸在洪水中了。帝喾一气之下跑到天庭，同天帝据理论争："既然上天创造了人类，又为何刻意为难人类，绝人生路呢？"天帝理屈词穷，只得派遣天神，一举抬高了辛的地势，使得洪水再也不能淹没它了，老百姓再不必东逃西躲，可以重建家园了。此后，"辛"便改称"高辛"，帝喾因此也被称作"高辛氏"。

天下大治，周游四方

后来，颛顼见帝喾德高望重，才智过人，深受百姓拥护，就让他继承了自己在人间的帝位。帝喾即位后，励精图治，使得国富民强，天下进入了太平盛世。

由于四海升平，帝喾便携妻带子云游四方。他游历的范围很广，他基本逛遍了当时的名山大川，寻访过女娲、少昊、黄帝等先人的遗迹。

帝喾还酷爱音乐，他命令乐师咸黑创作了九招、六列、六英等歌曲，又吩咐乐垂制作鼙鼓、钟等乐器，还让64名身着色彩斑斓的霓裳的舞女，伴着歌曲翩翩起舞。当宫廷奏响音乐的时候，凤凰、大翟等稀世仙鸟也都齐聚宫殿，参加舞会。

帝尧传说

在古人心中，最圣明、最贤良的帝王莫过于尧了，他也被认为是五帝之一。尧原名伊祁，是帝喾最小的儿子。最初，他被封在唐地，后来继承了帝喾的帝位，治理天下，定都于陶，因此人们也叫他"陶唐氏"。尧见微知著，任人唯贤，使得天下井然有序，政通人和，国富民强。

大尧的出生

据说，高辛氏帝喾的第三个妃子叫庆都，她的父亲是伊耆侯。庆都出嫁后，仍在娘家居住。有一年的正月底，伊耆侯夫妻带着女儿庆都乘坐小船外出游玩。正午的时候，一阵狂风呼啸而来，在天边卷起一朵红云，形成了龙卷风。那龙卷风在小船上徘徊，好像有一条赤龙在旋风中来回飞舞。

夜幕降临后，庆都躺在床上休息，忽然狂风又一次刮起，一条赤龙向她扑来，她顷刻昏了过去。第二天醒后，庆都发现赤龙在她身边留下一张画，画上是个人像，旁边写着"亦受天佑"四个字。她藏起了这幅画，不久便有了身孕。

足足过了14个月，庆都才产下一个男孩。这个男孩长得酷似赤龙留下的画像，他就是后来的圣君大尧。

帝尧仁德，天降祥兆

尧做君王时，以艰苦朴素、勤俭节约闻名。他关心民间疾苦，爱民如子，因此他统治期间，无论水涝还是旱灾，老百姓都毫无怨言，众人团结友爱，共渡难关。

连天帝都被尧的贤良美德深深感动了，因此在尧居住的茅屋里，上天降下了十种吉祥的兆头，以示对尧的褒扬。

例如，尧的庭前台阶的缝隙里生有一种草，名字叫作蓂荚。自每月的初一起，蓂荚便一天长一个荚，到十五的时候共长成十五个荚子。从十六起，每天落一荚，到第三十天则完全掉光。如果碰到小月而没有

帝尧像

三十的时候，这剩下的一荚便不干不枯，一直悬在茎上。尧把蓂荚当成日历，称它"历草"。在尧庭前的台阶上，还生长着一种草，叫作屈佚草。假若阿谀奉承的小人从它面前走过，屈佚草便会弯下自己的腰，精确地对准佞臣。所以人们都将屈佚草称作"指佞草"。

造围棋以教丹朱

尧帝的嫡长子叫丹朱。在儒家典籍中，丹朱被描绘成一个不忠不孝、不仁不义、奢侈腐化、不学无术、饱食终日的人，他暴戾蛮横，经常聚众斗殴，惹是生非。传说尧帝时洪水泛滥，人们以舟当车，但治水成功以后，没有了洪水，人们都不用船了，而丹朱却照旧坐到木船上，令船夫在地上拉着船前进，还自鸣得意地说是"陆上行舟"。

尧对丹朱的种种恶行看在眼里，急在心上。他绞尽脑汁，发明了一种新的游戏——围棋，并把具体的玩法教授给丹朱，希望他通过下棋来陶冶情操。开始的时候，丹朱对围棋的兴趣还算浓厚，但时间一长便厌倦了，又纠集一帮狐朋狗友找乐子去了。帝尧对丹朱失去了信心，再也不愿见到他了，就把他送到南方，并把帝位传给了德才兼备的虞舜，因为这时虞舜已通过了尧三年的严峻考验。丹朱心里不服，就挑起战乱，最后兵败，纵身跳海而亡。

（新石器时代）彩陶罐

贤帝大舜

舜是传说中的一代圣君，五帝之一。尧帝听说了舜的贤良，便将女儿娥皇、女英嫁给他，而且经过对他进行种种严格的考验后，还将帝位也禅让给他。舜励精图治，一心为国，使得政治清明，四海升平，人人纷纷称颂他的功德。

以德报怨，贤名远播

舜也称虞舜，是传说中的一代名君。据说，舜为有虞部人。依照当时的习俗，人们以部落名称为氏，所以舜又称有虞氏。又因为相传舜诞生于姚墟，所以他还姓姚，名叫重华，字都君。

相传，舜降生在一个贫寒之家，父亲瞽叟是个瞎子。有天晚上，瞽叟的妻子做了一个稀奇古怪的梦，梦到有只五彩斑斓的凤凰衔来黄澄澄的稻米喂给她吃。过了不久，她就怀孕了，后来生下了舜。舜诞生的时候，每只眼睛都生着两个瞳仁，因此起名叫重华。

舜少年时命运

二十四孝图之孝感动天

多舜。年幼时母亲便病故，父亲又续了一房老婆，并生下一个男孩和一个女孩。男孩名象，女孩名敤手。后母心狠手辣，非常歹毒，舜受尽了虐待和凌辱。而弟弟与妹妹养尊处优，野蛮顽劣，也常常欺负他。父亲不分青红皂白，不辨是非，一味听信舜的后娘和弟弟妹妹的一面之词，对舜也不再疼爱。舜受到如此不公的待遇，却一直尊重和孝顺父母，从无怨言，全心全意地做个好儿子，好兄长。于是，他的贤名不胫而走。

舜30岁那年，尧已经在位70年了。尧帝把自己的两个女儿娥皇、女英嫁给舜，用来考察舜在家中的言行；命令自己的9个儿子与舜共事，以考察他在外面的表现。同时，尧还赠给舜精美的衣服和瑶琴，又命人给他修葺了一座房屋，并赐给他一群羊。

舜一下子得到如此多的赏赐，父亲、继母和弟弟象都非常嫉妒，他们萌生了杀死舜的邪念，想霸占舜的家产。他们先后几次设计害死舜，但都没有成功。舜大难不死后，对他们依然如故，关爱有加，甚至比原来还要好。

人心所向，百业兴旺

娥皇、女英向尧汇报了舜的良好品德，尧觉得舜的确品行高洁，是继承大位的最佳人选。于是，又把他接到帝都，进行下一轮的考验，查看他是否有治国之才。

尧帝将司徒一职授予舜，命他掌管天下的土地和人民，在舜优良品德的感化下，人民做到了父亲公正、母亲慈爱、兄长友好、弟弟恭敬、子女孝顺、长幼和睦；尧帝又授予舜司空一职，命他掌管天下的百事工役，舜兢兢业业，所有的事情都处理得有条不紊；尧帝又赐予舜使者的身份，命他出使各个兄弟部落，舜同这些部落相处和睦，促进了部落联盟的团结。层层考验后，尧非常满意舜的表现，便将大位传给了他。

（新石器时代）玉筒形器

舜掌权后，将尧实行的"部落联盟议事会"变革成"贵族议事机构"。尧的议事会成员包括禹、皋陶、契、后稷、伯夷、夔、龙、倕、益、彭祖等，他们职责含混，分工不明。舜则因人而异，用其所长，委派给他们相应的职务：禹任司空一职，主平水土；后稷负责农业，播收百谷；契任司徒一职，负责教化百姓；皋陶担任司法官，掌管刑罚；倕担任共工，掌管手工业；益担任虞官，管理荒野山林的鸟兽草木；伯夷担任秩宗，掌管祭祀典礼；夔负责曲乐，同时担当教育贵族子弟的重任；龙的职务是纳言，专门颁布舜的命令和反映民情。舜还决定，对于官员的政绩，每三年考核一次，提拔政绩卓著的官员，免去不能胜任的庸吏。舜的这些措施让官员们知其位，谋其政，提高了他们的办事效率，使得国家百业兴盛。

大禹治水

　　远古时期，对农业生产危害最大的莫过于洪水了，因此在世界各地的原始文明中都有着关于洪水的神话传说，大禹治水便是其中之一。大禹通过"开""通""疏""凿""引"等策略，耗时13年才疏浚河道，清除了水患和涝灾，使人们再度过上了幸福甜蜜的日子。

大禹的出生

　　传说大禹的父亲鲧曾奉天帝之命治水，但屡屡失败，被天帝处死了。可是他死后，尸体3年都没有腐烂，而且还在不断地生长膨大。天帝闻悉后，害怕鲧化为妖怪，便派遣火神祝融手持天下最锋利的"吴刀"，去割开鲧的肚子瞧个清楚。祝融走近鲧后，挥舞宝刀，一下就割开了鲧的腹部。鲧的肚子一破，怪事便出现了，一条虬龙跳了出来，一跃冲天。这条虬龙纵横驰骋，霎时就游遍了五湖四海。它看到洪水滔滔的大地，便沉下身子，降到地面，化成人形，这便是大

大禹像

禹。大禹继承了父亲的事业，继续治理洪水。

疏导治水患

　　大禹最初治水时，也沿袭父亲的方法，不断堵拦洪水，但泥土经受不住洪水的巨大冲击，大多被洪水卷跑了，他只好再想对策。他请来了治水经验丰富的长者，也邀请了同他父亲鲧共同治理过洪水的人，虚心向他们请教，以总结经验，吸取教训，探索根治洪水的方法。有人提议说："水往低处流，我们只要搞清楚地势的高低，顺着水的流向开渠挖河，就能把水导出去，事情便迎刃而解。"大禹同意这个说法，决定用疏导的办法来治水。

　　可是怎么才能知道地势的高低起伏呢？人们正无计可

大禹治水

施时，人面鱼身的水神河伯忽然从水中钻了出来，将一块滴着水的大青石递给大禹。大禹手拿石头，翻来覆去看了半晌，恍然大悟，原来，青石上刻着一幅治理洪水用的地图！图上曲曲折折而又清清楚楚地画着天下河流的分布及流向。大禹让应龙依据石头上的地图在前面带路，应龙边走边用尾巴划地，大禹就吩咐老百姓在应龙尾巴划过的地方挖掘河道，将洪水导入东面的大海。这个策略收到了立竿见影的效果，许多地方的洪水都慢慢消退了。

禹坚持以疏导为主，继续开沟挖渠，使最初的沼泽洼地变作沃土良田。历尽千难万险后，他终于将洪水治好，使人们再度过上了幸福甜蜜的日子。

夏朝

奴隶制王朝的开端（前2070～前1600年）

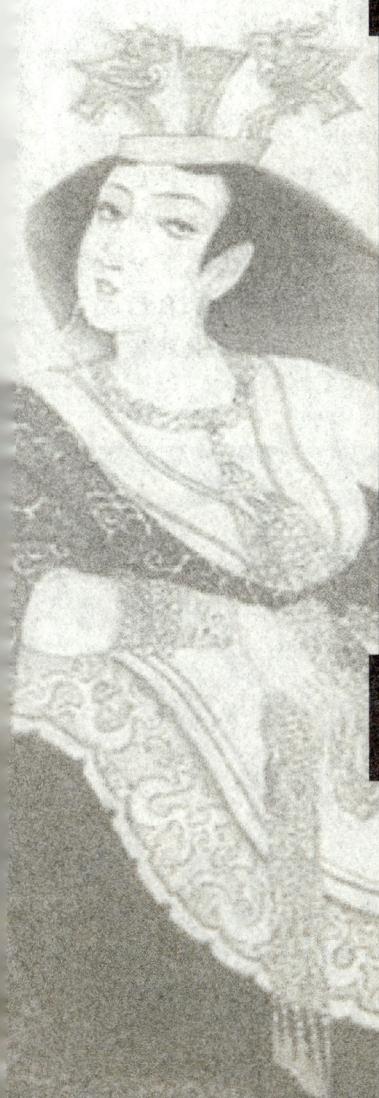

禹铸九鼎

　　由于大禹在治理洪水的过程中做出了重要贡献，"帝舜荐禹于天"，禹接替舜成为了天下之主。大禹继位后，要求九州各部落向他进献金（指铜），以"铸鼎于荆山下"。这些鼎是按照当时的行政区划铸造的，天下分为九州，自然就铸造了九只鼎。大禹借九鼎告诉世人自己成了全天下的主人，九州自此得到统一。之后，九鼎就代表"天命"，意味着无上的权威。

众诸侯离心离德

　　大禹统一天下后，维持了此前的部落联盟制度。时间一久，其中一些首领免不了心猿意马，另有所图。为了让各部落继续听命于己，大禹决定举行一次首领大会。当时，恰逢各首领前来拜见大禹，他就趁此机会进行了郊祀之礼，命众首领留在阳城协助他进行祭祀。在祭祀时，他告诉上天，欲推荐皋陶为自己的继承人，并请求得到上天的许可。祭祀

禹王像

结束之后，首领们对大禹的做法都很生气，因为皋陶已年迈不堪，根本不可能继承大位，他们认为大禹欲传位于自己的孩子，他在祭祀上的祷告只是在掩人耳目，因此他们中的许多人都忿忿离去。

涂山之会消疑虑

郊祭活动并未达到大禹预期的目的，有33个首领因对他不满而离去。他决计再召开一次首领大会，并在会上就自己的做法向各首领公开道歉。他将大会地点定在阳城东南的涂山。大会正式开始之后，身披礼服、手拿玄圭的大禹出现在台上，众首领同时向大禹行稽首之礼，大禹也以同样的礼数回应。大禹诚心地向首领们做了检讨。由于大禹的地位是天命所授，再加上他道歉的态度又很真诚、谦恭，所以他又重新赢得了众首领对他的好感和敬佩，首领们原先对他存有的成见和顾虑也一并被打消了。

会后，大禹带领众人折返阳城。途中，大禹忽闻皋陶离世的消息，十分悲伤。回到阳城后，他将自己未来的继任者又换成了一向以贤明著称的伯益。这使得先前疑虑重重的首领们明白自己误解了大禹，因此他们不但更加坚定地支持大禹，朝贡也变得主动了许多。

铸造九鼎，天下归一

作为对大禹的一种致敬方式，四方部落首领经常将"金"（即铜）作为贡品带到阳城献给大禹。涂山之会后，天下向大禹进献的金越来越多。为了表示对涂山大会的怀念，大禹决定效仿黄帝轩辕氏功成铸鼎的做法，用这些金来铸造大鼎。为了不引起各州的猜疑，大禹决定将各州进献的金都用在给各州所铸的鼎上，并在各州的鼎上铸上该州的山川地貌。同时，这些鼎上还铸有一些奇禽异兽，它们都是大禹在治水过程中碰到过的。

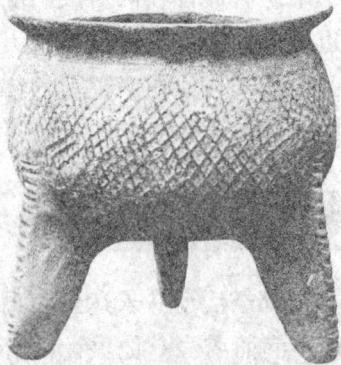

（夏朝）陶鼎

过了不久，大禹掌管天下已满5年。他遵照舜帝之制，进行五年一度的巡狩活动。大禹巡狩归来后，九鼎已成，其气势恢宏壮观，分别为冀州鼎、兖州鼎、青州鼎、徐州鼎、扬州鼎、荆州鼎、豫州鼎、梁州鼎、雍州鼎，各州的山川风物和奇禽怪兽都雕铸在鼎上。这九鼎代表着九州，其中豫州鼎是中央大鼎，意味着豫州是中心。大禹将这九鼎都聚集到都城阳城，以此告诉世人大禹已成为全天下的主人，天下实现了统一。

此后，九鼎成为国家祭祀典礼中最神圣的器物。后来，商朝灭了夏，九鼎就被搬到了商的都城亳；周又灭商，九鼎就随周朝到了镐京。之后，周成王建新都于洛邑，又将九鼎迁至该地，并称此举为"定鼎"。东周末期，战事不断，九鼎突然消失得无影无踪，至今下落不明，成为千百年来的谜团。

启建夏朝

据史料记载，从新石器时代传承下来的"禅让制"在禹的儿子启手中被废止，为世袭制所代替。启还消灭了伯益，自己称王。在他手中，中国历史上第一个真正意义上的国家产生了，私有制的奴隶社会取代原始的部落联盟制度，中国开始了"家天下"的历史。

权力开始绝对化

大禹统治时期，他在部落联盟中的权威开始慢慢树立起来。九鼎的铸成更给他提供了加强权威的机会。大禹晚年的时候，将各部落首领聚集到茅山（今浙江绍兴，一说为会稽山）开会，打算借此机会再展示一下他的威严，以加强对各部落的控制。在茅山附近，有一个名为防风氏的部落，其首领并不将禹王的权威当回事，特意在大会开始后姗姗来迟。这惹怒了禹王，禹遂命人将他处死了。

（夏）管流爵

从中可以看出，这时大禹手中所掌握的军队已足以灭掉单个氏族部落了，他公然在所有部落首领面前处死防风氏，目的就是要杀鸡儆猴，加强中央集权，改变部落联盟形同散沙、各自为政的局面。

表面禅让，暗中传子

大禹去世前，曾经试图仿照尧、舜的做法，将王位禅让给一个贤能之人。一开始，他选择了从帝舜时就负责刑罚的皋陶，但皋陶还未来得及接任就病逝了。人们讨论之后，一致推选伯益为新的王位接任者。

但禹的想法起了变化。王位的巩固让

夏启像

他认为，王权是他千辛万苦换来的，应该传给自己的儿子，而不是别人。随着权力的扩大，他的这种想法也越来越强烈。但伯益也立下了很多功劳，在民众中间有很高的声誉，首领会议上绝大部分人都推举他作为禹的继任者。禹怕引起众怒，只能假装尊重大家的意见。为了将王位让给儿子，禹让儿子启去履行管理天下的职责。至于伯益，则将继承人的虚名传给他。这样做，既能让启在民众中间建立起自己的威望，又能浑然不觉地将伯益排挤出去。就这样，禹按照他的计划让启一步步地参加到国事的处理中来。

几年后，由于启对国事的处置很妥善，所以他的口碑也越来越好。伯益虽然被定为继承人，但他再未取得新的功绩，连过去所做的好事，也被人们慢慢遗忘了。

攻杀伯益，开创家天下制度

启在禹王死后，开始以继承人的身份行使起王权来，而大部分部族首领也都愿意为启效命尽忠。他们说："启是禹的儿子，我们都甘愿为他效命。"

眼见事情发展到这种地步，伯益十分恼怒，说："原先禹选定我来接替他的王位，而如今启却不知羞耻地将王位抢走。这件事违背道义，我一定要征讨他。"伯益原为东夷人，他返回故乡，集合东夷部族向启发起进攻。启早已做好了迎战的准备。他的势力非常庞大，是伯益所无法相比的，而且启的很多亲信和好友都是各地的首领，他们都出兵给启以支援。一场厮杀过后，启很轻松地战胜了伯益。

胜利之后，启在钧台（今河南禹州）举行了盛大的宴会以示庆贺。在宴会上，他公开称自己为夏朝国君。由此开始，王位不再禅让，而是由父传子。"公天下"制度被"家天下"制度所代替，原始社会终结，中国迈入了奴隶社会。启也成为了我国历史上的第一位世袭帝王。

后羿逐太康

启死后，他的五个儿子为王位而展开了激烈的争斗，最后太康登上了王位。但他执政后不理朝政，每天沉溺于酒色之中。这给了有穷氏的首领后羿机会，他趁机从太康手中夺得了政权。

太康的放荡生活

夏启病逝后，其子太康继承了他的王位。太康是启的长子，从小就过着享乐的生活。他登基之后，生活腐朽，每天不是饮酒作乐就是进行游猎，对政事漠然处之，毫不关心。

太康觉得国都的位置不太适合玩乐，而且宫殿不够气

（新石器时代）玉管

派，于是命人重新选址，再建新都。斟寻（古书作斟鄩，地名）位于黄河南岸，洛水的北面，此处土地肥沃，地域开阔，十分适合建都，太康就命人开始在该地动工修建新都。耗费了无数人力物力后，一座大型宫殿在斟寻拔地而起。

太康对狩猎十分感兴趣，他拥有一支受过专业训练的狩猎队伍——这是他特意组建，用来陪自己狩猎的。他每隔几天就要拉着队伍出去一次。有一次，太康携家人、心腹一同去洛水北岸狩猎。谁承想，太康狩猎的兴致越来越高，一连三个多月都不回朝，以致许多国家大事都被耽搁了，人民怨声载道。天子如此贪图享受而没有节制，大臣们自然也就随着腐败堕落了，国家的根基开始慢慢动摇起来。

有穷国趁机取而代之

那时候，在黄河下游的部落有穷氏渐渐强大起来，其首领是羿。后羿野心勃勃，一直想得到夏王的王位。当他得知太康不理朝政、狩猎几个月而不归的消息后，认为夺取夏王王位的时机到了。于是，他借夏王无道之名，集合有穷部落的精兵向夏王朝发起进攻，迅速进入了夏国境内。

因为太康不问政事，夏

（大汶口文化）嵌松石骨雕筒

朝军队的战斗力极弱。有穷军队侵入夏国境内后，一路没有遇到太大的抵抗，很轻松地就攻到了夏的都城，并将都城团团包围。夏朝的官员和百姓被迫弃城逃跑，但没跑出多远，他们又陷入了有穷军的包围之中，最后全部沦为有穷军的俘虏。后羿所统率的有穷军队轻松进入了夏都斟寻。

接着，后羿亲自领兵驻扎在洛水北岸，切断了太康回国都的道路。当太康回来时，发现归路被堵，惊慌失措。此时，各部落首领迫于后羿的压力，都不愿帮助太康夺回都城。太康不得已在洛水南面修筑起一座土城，暂时安定下来，历史上将之称为"太康失国"。

在穷苦的环境中生活了4年之后，太康最终病逝，最后被埋葬于阳夏太康陵（今河南周口太康县）。

当时夏尚存十二大诸侯，还有很强的力量。后羿为避免激化矛盾，激起他们的反抗，既没有改变夏王朝的国号，也没有对太康的族人大肆杀戮，他甚至连夏朝大多数官员的职位都未进行调整，原封不动地保留了下来。为了在掌握实权的同时避免更大的矛盾，后羿将太康的兄弟仲康立为新的夏王。

（夏）玉柄形器

胤征羲和

根据《史记》所述，"胤征羲和"发生在夏帝仲康时期。太康被后羿赶走之后，夏朝统治权落入后羿之手。仲康和相两位夏王在位时，都只是名义上的最高统治者。

后羿控制下的傀儡政权

"太康失国"后，后羿掌控了夏朝的实权，并立太康的弟弟仲康为新的夏王。然而，仲康只有虚名，并无任何权力。胤侯把持了夏王朝的军权，后羿则将政权牢牢掌握在手中。武罗、伯因、熊髡、龙圉等人是后羿所重用的大臣，他们都具备一些才干，虽然仲康政权只是一个形式，但这些人都对这个傀儡政权忠心耿耿。后羿为了得到民众的拥护，也采取了一些利于国家发展的措施。因此，夏朝在这个阶段还是较为安定的，甚至出现了一些复兴的苗头。

（夏）四牙环

从天而降的灾难

仲康二年（约公元前2019年）九月，天空中原先放射着耀眼光芒的太阳从人们的视野中慢慢地消失了。转瞬间，整个大地笼罩在一片漆黑之中，几步之内的人影都已无法分辨。天空中不期而至的变化，使人们惊慌失措，四散而逃。依据当时人们对天象的看法，一旦发生日食现象，就意味着这个国家将会出现一场灾祸，君王的统治或者生命也许会受到威胁。要想唤回太阳、躲过灾祸，只有一个办法：在宫殿之前设一个神坛，群臣在帝王的带领下献祭。人们将这一过程叫作"救日"。

（夏）铜爵

天空中出现了这种情况，乐官急忙撞响了救日的钟声。这钟声响亮而急促，将夏王仲康和一干文武大臣全都惊动了。财官啬夫连忙去财库拿敬天用的礼钱，一脸庄严的仲康急急忙忙从后宫赶来，带领群臣设坛，行救日的礼仪。当朝廷上下乱作一团时，担负司天之责、管理历法的天官羲和却没有出现。

羲和没有将日食这件事预先呈报上来，已经惹恼了仲康。如今在行救日礼数时，羲和还未出现在大殿之前，便使仲康忍无可忍了，他立刻命人去寻找。原来，羲和饮酒归来，醉倒在床铺上，此时正鼾声四起，做着美梦呢！

因为羲和的失职，既没有提前测出这次日食，更没有及时祭告，从而引起国内一片恐慌，造成了极坏的影响。后羿和胤侯等重臣讨论之后，做出了追究羲和责任的决定。

宣布罪状，讨伐羲和

胤侯奉命讨伐羲和前，对出征的军队进行了训示，并公布羲和的罪行。将羲和的罪行公之于众后，胤侯下达了攻击的命令。不久他就率军攻陷了羲和管辖的私邑，并将羲和杀死。羲和死后，其他人被委任为历法官员。

这个故事对发生在夏朝仲康时期的一次日食现象作了清楚的描述，这次日食记录是目前所知道的世界上最早的一次。

（夏）灰陶盉

少康中兴

逃往有虞氏部落避难的少康，在有虞氏部族的协助下，将散失的原夏朝兵将重新集结起来，严加训练，并最终击败了寒浞父子，夺回了政权，夏王朝得以光复。从此以后，夏王朝的政权巩固下来，国势安定，走上了稳步发展的道路。从少康到孔甲，中间历经予、槐、芒、泄、不降、扃、廑等夏王的统治，共计九朝。在这段统治时期内，夏朝始终保持着政治安定、经济繁荣的局面。

少康招募残部，积蓄力量

后羿执政后期，贪图享乐，不问政事，大权逐渐落到奸臣寒浞手中。后来，寒浞发动政变，害死了后羿，并诛杀了夏帝相。

相的妻子后缗当时已怀有身孕，她逃回自己的娘家有仍氏部落，生下儿子少康，历经千辛万苦，将他养育成人。少康从小就肩负着恢复夏王朝的重任。十多年中，母亲、外祖父给他灌输的都是报仇雪恨的思想，他从

（夏）镶嵌松石十字纹方钺

小就立下复国的志向。在有仍氏部落，他担任牧正一职，一边管理畜牧业，一边抽出时间学习指挥作战的技能。

少康是相的遗腹子的身份最终还是让寒浞获悉了。得知这个消息后，寒浞坐卧不安。于是，他马上派人去剿杀少康。少康听到风声，连忙向虞舜后代的部落有虞氏那里逃去。

有虞氏的君王叫虞思，本来就对后羿、寒浞施行暴政有所不满，因此支持少康复国，并将部落中的庖正（主管膳食的官）一职授予他，教他管理财物的技能。之后，虞思又将两个姓姚的女子嫁给他，并且将他分封到纶邑。少康发挥他的聪明才智，对人民施以恩惠，时刻做着复国的准备。经过少康数年的治理，纶地生产得到发展，社会局面稳定，人口数量增多，成了闻名遐迩的"乐国"。之前因不满后羿篡权，隐居山林中的夏人也纷纷投靠少康，少康的力量不断壮大。

后羿时期的大臣伯靡在后羿被杀后来到了有鬲氏处（今山东德州东南），在这里，他也在积蓄力量，搜罗各种残余势力，以图报仇。少康了解到这一情况，很快就联系上了他。两人等待时机，准备一同对寒浞发起攻击。

重新武装成大事

形势安定下来后，寒浞更加贪图享受，荒废政务，失去了很多人的支持，甚至连他的亲信也同他貌合神离。又由于他不断用兵，进一步激化了统治集团内部的矛盾。少康和伯靡借此机会发动了复国战争。少康的策略是先消灭寒浞的羽翼，然后再对他的主要军事力量发起攻击。少康先让他的心腹女艾潜入寒浞长子妘浇的封地过进行离间活动，以瓦解、削弱妘浇的力量，并获取对方的情报。然后，少康亲自带领有虞氏军队向过发起攻击，将妘浇的军队歼灭，给

夏王宫复原图

复国奠定了基础。紧接着，少康又让自己的儿子季杼向戈地出兵，那里是寒浞次子妘豷的属地。季杼来到戈地，先对妘豷进行利诱，使他麻痹大意，放松戒备，然后带领有虞氏军队对戈地发起突然袭击，将豷的军队全部消灭。季杼灭豷的胜利，为夏王朝的光复提供了更为有利的条件。

　　寒浞没有了羽翼，直接暴露在少康和伯靡军队的面前。伯靡所率的有鬲氏军立刻向夏朝故都斟寻发起了进攻。伯靡军以旺盛的气势、强大的作战能力，一下子就将寒浞麾下的有穷氏军消灭了，并除掉了寒浞。

　　至此，少康终于将寒浞父子彻底铲除，夺回了政权。少康重新返回夏初的都城阳翟，夏王朝的统治重新建立起来。少康不仅举行了祭祀先祖的典礼，还慰问百姓，整治故都。少康深知王位来之不易，所以他勤于政务，积极发展农业生产，重新实行稷官掌管农业生产的制度，还兴修许多水利工程。这些措施促使社会经济水平得到了很大提高。后人将这段历史命名为少康复国，也叫少康中兴。

夏桀亡国

孔甲之后，历经皋、发两王，王位传到了桀的手里。桀是夏朝第16代君王。自启废禅让、承世袭，建立夏朝之后，夏朝共走过了400多年的历史。桀执政时期，宫中逐渐形成肆意淫乐的风气，内政不治，外患频频，各方矛盾越来越突出。但夏桀视若无睹，仍然恣意妄为，成为了历史上有名的暴君。

宠爱妹喜，荒淫奢侈

夏桀本人体格健硕，徒手就可以扳直铁钩、掰断鹿角。不仅如此，他智力过人，富有才干，头脑十分灵活。可惜，他却将这些优点用在了施行暴政上。对内他残酷统治，对外他肆意挑起战争，敲诈小的城邦，导致战乱不断。

夏桀在他登基后的第33年，挑起了对有施氏的战争。有施氏是东方的一个小国，国力较弱。为了保住国家，有施氏派人打探到桀

妹喜像

是一个好色的君王，就投其所好，特意将美女妹喜献给桀，以示投降的诚意。桀看见妹喜很漂亮，非常欢喜，便将妹喜带回了夏朝，不再攻打有施氏了。

桀对妹喜宠爱有加，百依百顺，整日与她在一起吃喝玩乐。妹喜对陈旧的王宫很不满意，桀就特意为她重新修造了金碧辉煌的琼室、象廊、瑶台和玉床，以博得她的欢心。他还让人在庭院中间挖出一个大池，里面盛满了美酒。每次他们二人来到新宫，都会让三千宫女一起为他们跳舞助兴。当宫女们休息时，桀就让她们去酒池中饮酒，经常有宫女因醉酒而溺死在池里。

为了维持自己骄奢淫逸的生活，桀在国内横征暴敛，人民生活十分困苦，但也只能忍气吞声。桀还将阿谀奉承之人任命为重臣，而那些忠臣却遭到了他的摒弃。当时有个人叫赵梁，非常善于迎合桀的嗜好，不仅教给桀享乐的方法，还传授给桀敲诈、压迫百姓的手段，桀对他十分信任。

在饮食上，桀非常挑剔。酒要醇，容不得半点杂质；蔬菜、鱼肉和调味品只能是指定地区种植、生产的。为了让他吃好饭，有成百上千的人每天为他忙碌。桀还有一个习惯，他喝醉之后，常常把朝臣当作马来骑。一些大臣

作威作福的夏桀

累得筋疲力尽，向他求饶，反倒被他肆意杀害了。

残杀忠臣，众叛亲离

晚年的桀仍然丝毫没有节制。他下令建造了一个被他称作"夜宫"的大池，并领着美貌男女混居在池内达一个多月，这期间没有上过一次朝。太史令终古痛哭流涕地向他劝诫，他不仅不听从，还将终古的劝诫看成是多管闲事。终古明白桀已经无药可救了，就投靠了商汤。

贤臣关龙逢入宫劝诫桀，桀大发雷霆，责骂关龙逢，还将他处死。此后，忠心正义的大臣再也不敢规劝桀了。桀逐渐失去了人们的拥护，夏王朝岌岌可危了。

在这种形势下，黄河下游的商部落首领汤起兵讨伐桀，人民与各诸侯都纷纷行动起来，给予他支持和配合。在鸣条之战中，商汤将夏桀的军队一举打垮。桀逃出夏都，最终死在南巢，夏朝由此灭亡。

《夏小正》

　　《夏小正》是我国目前存有的最早的一部农书，它记录了一年10个月里每个月份的物候知识，还把天象和与其相适应的物候融合起来，使得物候历和天文历结合为了一体。

《夏小正》中的物候知识

　　《夏小正》是一部有关物候知识的著作。在我国现存的此类文献中，它是最早的。其共计463字，按照一年中的不同月份分别进行了记录，包括了物候、气象、天象、重要政事、农耕、蚕桑、养马、采集、渔猎等内容。

　　植物方面，《夏小正》记录了木本植物和草本植物的考察情况。比如正月，此时春回大地，天气"时有俊风，寒日涤冻涂"，意即和风缓缓吹来，寒意退去，天气转暖，冰封的土地也复苏了，各种植物开始萌芽。书中也提到了鸟、兽、虫、鱼等动物，像"启蛰，雁北乡；雉震呴；鱼陟负冰；囿有见韭；田鼠出；獭献鱼；鹰则为鸠；柳稊，梅、杏、杝桃则华；缇缟；鸡桴粥"。大意是沉睡的动物睁开了双眼，大雁飞往北方；野鸡鸣叫着寻找伴侣；水也变暖了，可以看到薄冰的下面有鱼儿在游动；园圃中的韭菜冒出了嫩绿的叶子；人们又看到了田鼠活动的身影；水獭捕鱼；鹰走鸠来；柳树上生出了荑黄花序，梅花、杏花、山桃孕育了蕾，开出了花；莎草坚实；鸡开始产卵。而老百姓此时也开始"农纬厥耒""农率均田""采芸"，其意是百姓对农具进行修缮，整顿田界，调配人员，准备耕田劳作，还采摘芸菜。

书中还记录了三四月常见的旱情、七月常出现的降雨及每个月的天象情况。此外，书中还说五月"时有养日"；十月"时有养夜"。所说的"时有养日"和"时有养夜"，已有了夏至、冬至的意味。这本书不仅详尽地考察了物候情况，还将物候与气候、天象和农业生产相联系，这说明夏人在这些方面已经积聚了非常丰富的知识和经验。

《夏小正》中的历法

除了是物候书，《夏小正》还是一本历书。在现存夏时的历书中，它同样最早。在观象授时方面，《夏小正》所依据的是夜晚一些恒星（鞠、参、昴、南门、大火、织女等）的显现、隐藏情况，或者南中天的时长和北斗星斗柄的指向情况，以此划分出一年中某个月的起止时间。有人认为在《夏小正》中，一年只有10个月，每月有36天，此外还有5到6天是过年日，这说明它只是一种初始历法。因为根据《夏小正》的记录，正月"初昏斗柄悬在下"，六月"初昏斗柄正在上"，中间的5个月为半年；五月"时有养日"，十月"时有养夜"，也间隔了5个月，也是半年。还有人将《夏小正》看成是太阳历，一年中仍然是12个月。虽然对它的研究尚无定论，但可以肯定的是，《夏小正》所记录的内容说明夏代在观象授时方面已经取得了丰硕的成果。

《夏小正》的深远影响

　　《夏小正》分为两部分：经和传，全篇总计463余字。书中的内容根据一年中的月份来进行区分，记录的都是当月所发生的物候、气象、星象及与之相关的重要的政事，尤其是关于农业生产的要事。

　　这本书第一次将当时农业生产的一些情况记录在册。书中既介绍了谷物、纤维植物、园艺作物的种植情况，也说到了蚕桑、畜牧和采集、渔猎的发展形势；既体现出当时人们对蚕桑和养马的高度重视，也对马的阉割方法、蓝色染料的制作以及如何栽种芸、桃、杏等园艺作物进行了说明。动植物的变化情况成为它判断时间和节气的依据，而它所定义的标准的指时星象都是一些比较显眼的星，像辰星、参星、织女星等，便于人们观察。书中有3个月没有记录星象情况，分别是十一月、十二月和二月，同时也尚未形成四季和节气的定义。

　　《夏小正》虽然将农耕、渔猎、采集、蚕桑、畜牧等农业生产活动都记录了下来，但对"百工之事"丝毫没有提及，这体现了当时落后的社会分工。

　　《夏小正》中保存下来了大量夏朝时期的物候、历法和农业知识，这些珍贵的资料是我们探究夏朝社会发展情况的重要参考依据。

殷商

青铜文化的繁荣（前1600～前1046年）

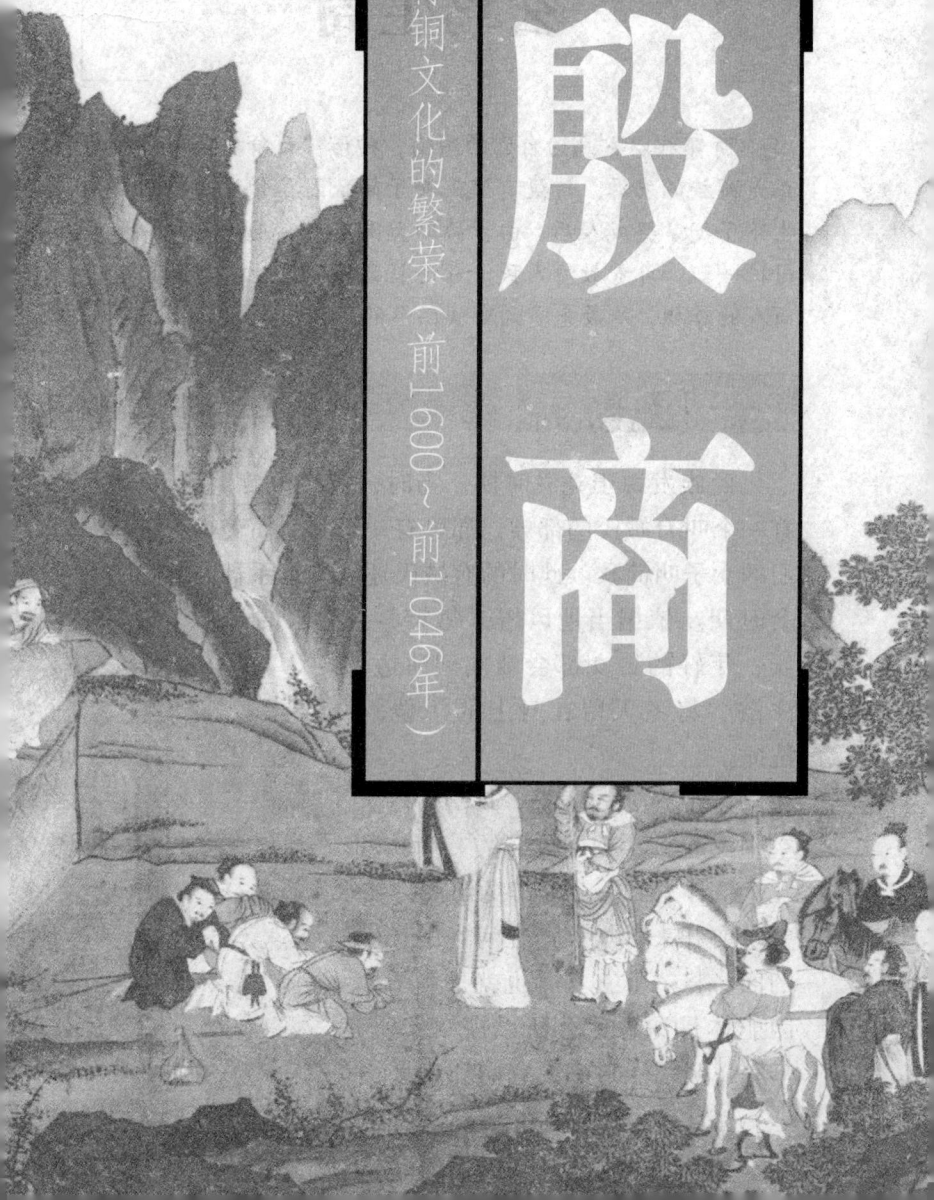

玄鸟生商

商部族以玄鸟为自己的图腾，神话"天命玄鸟"讲述的正是商族的发源。传说有娀氏女子简狄因吞食玄鸟卵而受孕生下了契。契成人后，由于协助大禹治水有功，被舜帝授予司徒一职，负责教育人民。舜还将商地赐给他，契因此成为商人的鼻祖，是最先受到商族供奉的男性祖先。

玄鸟所生之子

商族发源于尧舜时期。当时，黄河中游生活着一个叫有娀氏的部族，那里有一个聪慧而美丽的女子叫简狄。此时的有娀氏还处于母系社会时期。依据当地风俗，每年冬去春来的时候，年轻的男女都会结伴到河边沐浴，将冬天留在身上的污秽洗掉。

某个春天的黄昏，日落后的天空中泛起一片绚丽的彩霞。简狄和几个伙伴来到一个安静的河湾，在水中玩耍开来。欢笑声在河谷中产生的回音将一群玄鸟（也就是燕子，因躯体是深青色，所以被叫作"玄鸟"）吸引了过来，它们和戏水的女

（商）青铜鸟

子们一样显示出蓬勃生机，在河面上空不断盘旋，自由飞翔。

飞行的玄鸟让简狄联想到了以前从老婆婆们那里听到的传说。她们讲，玄鸟在姑娘头上盘旋是祥瑞和喜事即将来临的象征。想到这里，简狄满心欢喜和幸福。就在这

商族始祖契

个时候，一只玄鸟在她的头顶转了几圈后，在附近的树丛中落下来。简狄诧异地从河中来到树丛，发现了那只玄鸟刚产下的又圆又白的蛋。简狄顿时兴奋起来——因为老婆婆们还说过，谁吃了玄鸟蛋，神灵就会保佑谁。于是，她立刻吞下了玄鸟蛋。但没想到，吃下玄鸟蛋后，她竟然怀孕了。

过了一年，简狄生下了一个白白胖胖的男孩。族里的人们都来表示祝贺，祭司们通过各种仪式为简狄母子俩祈福，首领还给孩子取名为契。

简狄性格平和，修养很高，她通晓天文地理，品德高洁。契自幼就受到了很好的教导和熏陶，他天生聪慧，非常听话，时刻谨记母亲的教诲。

据说，成人后的契是这个部落的首位男性领袖，成为了该部落由母系氏族向父系氏族转变的标志性人物。有娀族人自此形成了以父子血统相承并组成家庭的常规。

才干出众，被封于商

契统领部族后，采取了多项措施来壮大部族实力，如开垦牧场，发展畜牧业，组建和训练军队等。不到几年时间，有娀氏就兴旺发达起来，契也声名远播。契的名声传到了中原部落联盟首领舜帝那里，舜了解到契为人善良、办事老练、才智过人后，就将他请去做司徒。契不仅负有教育人民的责任，还要对各部族间的纠葛和矛盾进行调解。他靠着自己的聪明才智，游走于各部族之间，对他们进行教育。不到几年时间，以前十分紧张的部族关系变得融洽了，百姓的德操也得到了极大改善。

后来，契又帮助大禹治水。由于他在治水中立下了功劳，所以舜帝就把商（今河南商丘）封给了契，契的氏族也跟着改名为商族。

相土作乘马

　　商族到第三代时，首领之位传到了相土的手中。他管理有方，使商族在农业、手工业和商业等各个方面都取得了很大的进步，畜牧业尤为突出，这为商族进入私有制社会并开始使用奴隶做好了准备。之后，相土在历史上首次把马驯养成交通运输工具，马也由此成为定居畜牧生活出现的标志。随着商族的经济实力不断壮大，它的军事力量也越来越强。于是，相土抓住夏王相丢失王位、对东方失去控制的机会，进行了势力扩张。

相土驯马，倡导定居畜牧

　　契之子昭明倡导"逐水草而迁徙"的生活方式，专寻水源充足、草木繁茂的地方居住。昭明任首领期间，商部落一直在砥石地区（今河北石家庄南、邢台以北）过着

（商）伏鸟双尾虎

游牧生活，畜群数量得到较快增长。此时的商部族还处在向奴隶制社会过渡的阶段，并向夏朝称臣，实力还不是很强。昭明之子相土掌权后，商部落在他的带领下又返回了"老家"商。相土任首领期间，政绩卓著，声名远播，他使商族的农业、手工业和商业水平都得到了很大提高。

相土身形魁梧，体格强健。在率领氏族成员打猎时，他经常同野猪、猛虎、恶狼等野兽展开格斗，并且能制服它们。在与野兽的斗争中，相土积累了丰富的经验。后来，他与野马进行了多次艰苦的较量，并最终成功驯服了它们，家养马开始在商部落流行起来。

如愿驯服野马后，相土又开始对野牛、野猪、野羊、野狗、野鸡等进行驯服。他或自己亲自参与，或指点部落的其他人去驯服。这些动物被驯服后，就被人们家养起来。相土时期，人们喂养了大批的马、牛、羊、猪、狗、鸡，也就是今天所说的六畜。《世本·作篇》中有一些关于"相土作乘马"的描述，反映的正是相土驯服、喂养牲畜的过程。

在相土的率领下，商族部落驯养牲畜的活动取得了很好的效果。马在交战、打猎、运输上的使用，使商族的战斗力和生产力大为提高；牛的用途从食用扩展到了运载和祭奠方面；猪、羊、鸡作为祭品频频出现在祭

（商）镶嵌绿松石的铜矛

祀典礼中，不再仅限于人们的餐桌上；狗主要用来保卫主人、畜群和打猎，偶尔也会被当作祭品。

相土对商族部落以前游牧的生活方式进行了彻底改变，他倡导人们过定居放牧的生活，并开展农业生产，把马等牲畜驯养成运输工具，农业生产在他的推动下渐渐在商族地区发展起来。随着牲畜和粮食数量的不断增长，商族的实力逐渐得到了增强，军事力量越来越强大，他们雄心勃勃，决心将自己的势力扩展到四面八方。

四处征伐，扩大势力范围

夏初，夏启与有扈氏之间进行了一场王位争夺战，之后又发生了"征西河、诛武观"之事，夏朝当时已经无心过问其他氏族和部落的事务了。后来，相土抓住夏王太康时期政局混乱、夏朝对东方诸侯失去控制能力的机会，快速发展了商的势力，使商的领土面积得到扩大。

商族在砥石地区游牧时，由于远离根据地，不仅不能快速壮大自己的势力，而且还被其他氏族和部落攻击。重返商地后，原属商族的各个部落又重新拧成一股绳，服从相土的统一领导。而中原地区又一直处于混乱的状态，这正给相土以武力吞并东方地区提供了良机。

《左传》中有"取于相土之东都"的记录。"东都"在现在的山东泰山附近，这或许是相土在东方扩展势力时所修建起来的一个据点。他从商来到泰山附近，占领了这片地区，在修筑据点后，又继续向海边拓展。

玄冥治水

冥是商族先人中又一个受到后人称颂的人物，是契的六世孙。他在夏朝"少康中兴"时期成为商族领袖，那时夏朝政权已经重新建立起来，恢复了对各部族的控制。当时黄河水患严重，少康就让冥担任"水正"一职，负责治理水害。由于冥"勤其官而水死"，为治理水患立下了功劳，所以后人视他为水神，叫作"玄冥"。

勤于职守，治理水患

相土的曾孙、曹圉之子冥也是一个很有作为的人物。依据《国语·鲁语上》的记载，冥在夏朝担任水正之职，负责掌管治水工程。他恪尽职守，为治水献出了自己的生命，成为中国历史上一位著名的治水英雄。商人后代在祭奠他时，所用的祭祀礼仪与祭奠天帝是相同的，由此可见他在商人心中的地位。

夏王少康授予冥水正一职，让他负责整治黄河。冥承担起水正之责后，兢兢业业，恪尽职守。他仿照大禹治水时的办法，先举行庄重的祭河仪式，以祈求上天保佑治水成功。之后，他亲自参与到河流的勘测工作中，调查水灾出现的根源。通过努力，他发现，原来是大禹当年疏通的一些河道再次被淤积的泥沙所堵塞，而用来泄洪和浇灌农田的大部分沟渠由于常年没有修理，有的严重损坏，有的干脆被冲垮了，因此黄河水才再次泛滥起来。冥采取了有针对性的治理措施，他把黄河两岸灾区的民众动员起来，一起施工，挖泥沙、疏河道、开沟渠，还提供了很多马用作运输工具。他常年奔波在治水工地上，坚持不懈，最终控制住了河水泛滥的局面，使沿岸的农业生产得到复苏和发展，百姓们生活安定，也使夏朝政局稳定下来。

捐躯献身，被奉为水神

少康死后，其子予登上王位，而冥则继续勤勤恳恳地治理水患。据说夏王予执政后的第13年，冥在领着治河的队伍对堵塞的河道进行疏通时，由于年龄偏大，体力不支，意外落水而亡。还有一种说法认为，冥是由于年老力竭，在治水过程中累死的。虽然说辞不同，但都肯定了冥是为治理水患而献身的英雄。

古书（《左传·昭公二十九年》）中有"水正曰玄冥"一说，意思是水正叫玄冥，这句话所指之人可能就是商族人的先祖冥。黑色在古时称为玄，它象征五行中的水。由于"冥勤其官而水死"，他的治水工作对人民来说是积德行善的大事，所以后人就在他死后将他作为水神供奉起来，称为"玄冥"。

（商）弦纹鬲

行商始祖王亥

商族首领之位传到第七代时，交到了王亥手中。王亥开启了商族真正的商业实践和行商传统，成为了第一个专门进行物物交换、从事经贸活动的"商人"。他凭借商业使部族崛起，并让从商作为一种新的生活方式渗入这个部族的方方面面。

往来各地贸易经商

冥的长子叫王亥，又名振。他是商族的第七代首领。王亥很有才能，不但协助父亲在治水中取得了很大的功绩，还发明了牛车。他掌权后，部族的农业、畜牧业十分发达，生产水平发展迅速，因此出现了生产过剩的情况。为了换来奴隶主需要且本部族缺乏的物品，王亥就率领部族成员用牛车拉着货物在各部落间辗转贸易。他们可能是拿帛和牛当作货币来换取其他部落的物品，属于一种"以物易物"的原始贸易。因为商部族最早开启了贸易活动，"商人"一词渐渐被其他部族用来指称从事商业行为的人，并一直沿用到现在。

（商）兽骨贝

商人始祖，客死他乡

　　王亥的最后一次商贸活动是在黄河以北的有易氏部落（位于今河北易水一带）进行的。王亥及其弟王恒用牛车拉着货物离开商丘，千里迢迢来到了有易氏部落。有易氏首领绵臣见钱眼开，便起了歹心。他谋害了王亥，轰走了王亥的随行人员，将财货据为己有。王恒则大难不死，连夜逃回了商丘。

　　商族人心中的王亥被一圈神圣的光环包围着，他们以祭天之礼来祭奠王亥。他们在向上天祈福时，也常常会对王亥进行祷告，祈求王亥能护佑他们。在商人的先祖中，唯有亥称王。王亥是一名真正的游商，他不仅是行商活动的先驱者，还是《墨子·贵义》中所说的"商人之四方，市贾倍徙，虽有关梁之难，盗贼之危，必为之"的真实写照。因此，王亥成为了后世商人的祖师爷，几千年来，始终受到商人们的顶礼膜拜。

（商）玉枭

成汤治国

成汤不仅高瞻远瞩，而且仁爱正直。他见夏桀暴虐无道，荒淫无度，失去民心，夺取夏政权的时机已经成熟，便采用了很多措施来增强自己的实力，削弱夏朝的势力。他在国内广施仁政，减轻赋税，得到了百姓的拥戴。商的实力逐渐增强，为征讨夏桀并取代夏朝的统治奠定了雄厚的基础。

广施仁义，和睦邦交

汤是商始祖契的十四代孙。他成为商族首领后，目睹了夏桀骄奢淫逸、凶残冷酷，人民生活苦不堪言的境况，决意推翻腐朽的夏朝。他静观天下大势，发现在桀的统治下夏朝国势日衰，民心背离，决定抓住这一时机，团结与桀有仇的小国一起向夏发起进攻。为方便攻夏，汤迁商都至亳城（今河南郑州附近），使得自己更加接近夏朝的统治中心，可以将夏朝的动向观察得一清二楚。来到亳以后，汤对内以宽容的政策管理

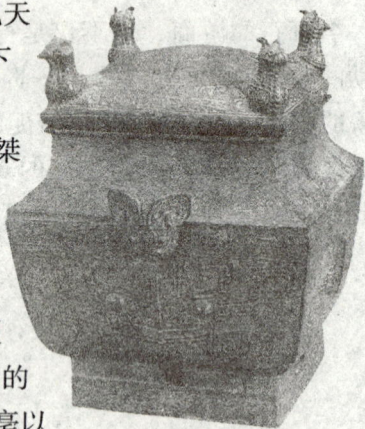

（商）鸮首兽面纹方罍

民众，为人民谋取利益，使民众更加拥戴他；对外联合了更多的反夏力量，注重对相邻的国家进行笼络。

　　这时的商国不单畜牧业兴盛，农业也充分发展起来，国库中囤积了大批的粮食，商国不仅可以自给自足，还积极救助出现灾祸的邻邦，与周围相邻的小国相处得十分和谐。

网开一面，四十国归顺

　　汤一方面致力于振兴国家，另一方面对自己的一言一行也严格要求，希望能以此来赢得民众的支持。成语"网

成汤网开一面

开一面", 就是关于他的一个典故:

一次, 汤到城郊巡视, 发现大树下面有一个猎人正在向四面布网, 准备捉鸟, 他还听见猎人祈求道: "但愿全部的鸟儿都落入我的网中。无论它们来自哪个方向, 一个也不漏掉! "

汤不忍目睹鸟儿的悲惨命运, 就对猎人说: "你这不是要完全消灭它们吗, 也过于残忍了吧? 只布一面网就好了, 其他三面就别布置了。"猎人觉得不好办, 说: "只有一面网又如何能捕到鸟呢? "汤感叹道: "自由飞翔的鸟儿, 想往哪里飞就往哪里飞。唯独那些活够了的鸟儿才会自己飞到这面网中来。"

汤的这番话很快就在百姓中间广泛传播, 人们都说: "对待鸟儿, 汤都如此仁爱, 可见他是个和善、仁慈的君王。我们应当一心一意拥戴他。"被夏桀欺侮的一些小国, 发现汤这样仁义, 便都陆陆续续投靠到商国这边来, 共计有40个。就这样, 商变得更加强大了。

声威震主, 被囚夏台

汤勤于朝政, 爱民如子, 与邻国和睦相处, 国势日盛。消息传到了夏桀的耳朵里, 引起了桀的担忧, 他害怕汤势力强大后对自己的统治产生威胁。后来, 桀处死了忠臣关龙逢, 大臣们无人敢说同情关龙逢的话, 更没有胆子去祭奠他。而汤闻讯后, 却不害怕桀的淫威, 即刻带人赶到夏朝京城祭奠关龙逢。桀大怒, 借此机会软禁了汤, 把他关在夏台(位于今河南禹州市, 又名钧台)。

商国的右相伊尹给夏桀送去了许多珍宝和美女，并告诉桀，汤在来京前就已经打算将这些献给桀了。美女和珍宝果真打消了夏桀心中的怒气，加上人人都偏向汤，给他求情的人接连不断，桀便误认为商国还听命于自己，就把汤释放了。

汤回到商国后，铲除夏桀、挽救黎民于水火的决心变得更加坚定了，他加快了征讨夏朝的准备工作。汤先设计将夏桀的大小羽翼挨个铲除。在清除灭夏障碍的同时，他耐心寻找伐夏的良机。公元前1600年，汤正式发兵灭夏，由于民心都在汤这边，所以出征11次，每次都是全胜而归，汤由此名震四方。

（商）乳丁纹簋

商汤革命

　　夏朝军队在鸣条之战中战败，商汤乘胜追击，俘获了夏桀，成为武力改朝换代的第一人。从此，中国历史的舞台就变得绚丽多彩起来。这一战使天子的地位不可动摇的定律被打破，是中国政治史上影响深远的一件大事。

多方试探，选择时机

　　随着夏桀的羽翼被一个个剪除，孤立夏桀的战略方针也得以顺利实现。但在是否与桀进行最后决战的问题上，汤仍然非常谨慎。在反复考虑了很久后，他才拿定了主意。汤明白"百足之虫，死而不僵"，有400余年历史的夏朝虽然已到了崩溃之时，但存有的实力依然不可小视。

　　汤听取了伊尹的建议，先中断了对夏的朝贡，以试探桀的反应。桀随即调动九夷兵马，意欲征讨汤。汤和伊尹看到这一情况，明白时机还不成熟，

商汤像

就立即向桀谢罪，并答应继续向夏朝贡，从而消除了桀的不满。之后，汤继续储备力量，以等待更好的时机。数年后，由于桀的统治更加残暴，九夷各族纷纷离他而去，他的实力大大削弱。这一消息很快传到了商，汤于是计出前招，又中断了对夏的朝贡。这次九夷军队拒绝了桀的命令，没有出兵征讨商，有缗氏甚至公然站出来反对夏桀。这时，汤确信伐夏的最佳时机已经到来，毅然决定起兵。

鸣条一战，大获全胜

　　军队出征前，汤全副武装，当着所有将士的面发表了誓师宣言。宣言中，汤把桀破坏生产，对民众进行凶残的剥削和迫害的罪行都逐个列举了出来。他强调讨伐夏桀是天命所归，是为了挽救苍生。他还公布了严格的军纪，确保军队步调一致。

　　誓师结束后，汤特意挑选出70乘良车，6000名"必死"之人，同其他各国军队一起，运用迂回之术绕到了夏都的西面，准备在对方没有防备的情况下发动突然袭击。夏桀得到汤起兵讨伐自己的消息后，为了保卫夏都，连夜调动军队，布下了数条防线。

　　商军将士们个个都奋勇争

（商）虎耳方鼎

先，异常勇猛，而夏军平时疏于训练，军纪散漫，加上夏桀恶贯满盈，夏军将士都不愿为他卖命，因此两军在鸣条刚一交锋，夏军便大败，士兵们都四处逃命去了，商军轻而易举地夺取了夏都。

夏桀被迫逃往南巢（今安徽巢湖市西南）。汤领兵穷追猛打，最终在南巢逮住了夏桀，并将他囚于该地。不久，夏桀就在南巢死去，夏朝灭亡。

大会诸侯，天下共主

汤凯旋后，在亳举行了"景亳之命"大会，很多诸侯都参加了此次大会。会上，汤获得了三千诸侯的拥戴，因而成为了天下共主。于是，商朝建立起来了。

商汤攻夏在历史上被称为"商汤革命"（又叫"成汤革命"）。因为在古时的统治阶级看来，朝代更替是依天命而进行的革新，因此用革命一词。

商朝建立后，汤总结夏亡的经验教训，提出发展生产、轻徭薄赋的主张。他还定期巡察各地，施行仁政，勤于政务，爱惜子民。他向天下发布命令，规定各地贡品只能是本地所出的产品，各诸侯间不得比较物品的高低贵贱。这项举措不仅减轻了百姓的负担，而且得到了诸侯们的拥护。

第一贤相伊尹

在商朝建立的过程中，伊尹是一个十分关键的人物。他献计献策，不遗余力地协助商汤推翻了夏桀的统治，建立了商王朝。他历经5代君王，商朝的基业正是在他的努力下奠定的，历代商王都以盛大的祭祀仪式来祭奠他。

奇特的身世之谜

伊尹名挚，关于他的身世有一个神奇的传说。伊尹的母亲生活在伊水岸边，在怀有身孕后的一天夜里，她在梦中见到一个神仙。那神仙告诉她："假如用来舀米的瓢冒出了水，你就立即往东走，无论发生了什么事都不要回头看，切记！切记！"次日，神仙的话果然应验了，伊尹的母亲连忙通知乡邻和她一起往东面走。一些人相信了她，就和她一起离开了村子；不相信她的人就留了下来。她和众人走出十几里路后，忍不住回望了村子一眼。这一望不打紧，可吓坏了她。原来伊水大涨，已经将村子吞噬了。这时她想喊，但已经无法发出声来了，因为她已经变成了一棵内部被掏空的老桑树。洪水慢慢退去后，人们又恢

（商）金耳坠

复了正常生活。有一天，一位采桑姑娘在这空心桑树的树洞里发现了一个孩子，就将它交给了有莘氏国王。由于孩子的母亲生活在伊水边，所以就将"伊"作为他的姓氏。后来他做官做到了"尹"，因此后人都叫他"伊尹"。

心怀大志，陪嫁来商

伊尹被有莘氏国王交给厨师抚养。在厨师的精心呵护下，伊尹渐渐长大。他十分聪慧，喜爱学习，不仅从厨师身上学来了一手好厨艺，而且还努力读书，增加学识，掌握了许多治国安邦之道。伊尹一直憧憬尧舜时代的生活，因此他严于律己，努力做一个正直、高洁的人。

商汤在东方进行巡游时，获悉有莘氏国王的女儿不仅美丽而且贤淑，就来有莘氏国提亲。由于汤的贤德之名早已传遍四方，有莘氏国王很干脆地应允了这门婚事。伊尹不愿一辈子都做厨师，使自己的政治才能被埋没，他早就听说汤的贤名，认为他是一位值得辅佐的明君，

伊尹像

于是就向国王申请去做公主陪嫁的媵臣（奴仆），国王应允了。

万世贤相

对于伊尹是如何得到商汤的赏识的，较可信的说法是伊尹在商汤面前侃侃而谈，将做饭与治理天下联系在一起，阐述了许多有益的政见，使得汤对他刮目相看，并授予他相位。

在有史料记载的中国历史上，伊尹是首位贤相。他在协助商汤治理天下的过程中献计献策，不遗余力地辅佐汤消灭了夏桀，开启了商朝数百年的历史。由于他的不懈努力，商朝初期的国家统治机构得以建立，政治制度日趋完备，经济、文化水平快速提高，社会安定，为商朝数百年的基业奠定了良好基础。

商朝初建时，伊尹就为加强商朝的统治确立了各种典章制度。他要求官员务必要兢兢业业，对王室忠诚不二，要不然就会遭到严惩。他还出台了十余条法规，对犯罪之人予以惩罚，其中包含了对奴隶的处罚措施。在这些制度法规的约束下，建国初期的商朝官员都不敢为非作歹，商朝出现了政治清明、经济兴盛的局面。商汤之后，伊尹又先后辅佐了外丙、中壬、太甲和沃丁四位君王，称得上是劳苦功高。然而，他始终遵守为臣之道，从未因功而骄横跋扈。在数千年的中国历史中，他始终被人们看作人臣的典范。

太戊中兴

太甲死后，商朝又先后经历了沃丁、太庚、小甲、雍己、太戊等商王的统治。这段时期内，商朝经历了一个由盛而衰的过程。一直到太戊在位时，他起用伊陟、巫咸二人协助他处理国事，太戊本人也勤于政务，广施仁政，各小国才重新臣服于商，商朝才又一次出现繁荣的局面。

朝廷生怪树

太戊为商王太庚之子，小甲、雍己之弟。他还是一个少年时便登上了王位，但继位初期，他对于处理国家政务却很懈怠。当他执政到第七年时，王宫庭院中长起了一棵桑树，桑树上还长起了一棵楮树，而且长得很快，七天就已经很大了。其实这仅仅是植物生长过程中出现的偶然现象，现在看来不足为奇。但商朝时植物学知识很落后，所以人们就将这种现象看成是妖魔鬼怪在作祟。太戊也心生畏惧，觉得上天要给他降下灾祸了。

（商）青铜树

伊陟劝谏

大臣伊陟相传是伊尹之子。太
戊执政时，授予他宰相之职。正
当太戊为妖树的出现而惊慌时，
伊陟抓住机会规劝太戊："臣听说
妖怪遮掩不了德行。可能是大王在
处理政务时存在什么违背道德的行
为，因而才引出了妖怪。假如大王
勤政修道，以德治民，灾祸自然就消
失了。"太戊觉得伊陟的话很对，就
真的改过自新了，在处理朝政上变
得十分勤奋，还广修德行。不久，
桑树上长出的那棵楮树死了。实际

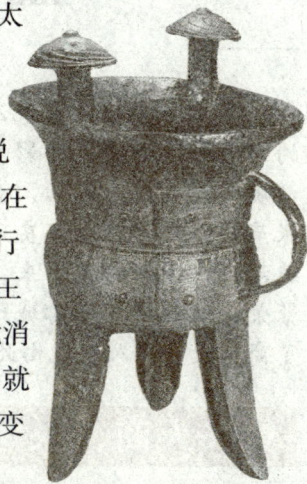

（商）兽面纹斝

上，这种非正常生长的共生树木，长到一定程度是会自然
死亡的，而太戊却认为这全是因为自己修德治国，用德行
将妖怪压下去了的缘故，因此他更加勤于政务，也更懂得
体恤百姓了。太戊同时还对伊陟充满了感激之情，在祭祀
先祖时特意赞扬了伊陟，计划给他更高的礼遇，而不只将
其看作一名臣子。但伊陟非常谦虚地推辞掉了这些礼遇，
继续全心全意为国家服务。

太戊是商朝执政时间最长的君王，在位长达75年。他
在位时大力发展国家的实力，使很多小国又重新归附于商
朝，商朝因而出现了中兴的局面。因此，太戊被商朝后人称
为"中宗"，这是后人对他为商朝所做的贡献的表彰。

盘庚迁殷

商朝中期，由于统治阶级内部争权夺利以及社会经济的发展等多种因素的影响，出现了频繁迁都的现象。直到盘庚将商都迁至殷后，商朝才又走上了复兴之路。盘庚主张节约，矫正社会不良风气，减轻对人民的盘剥，商朝的统治得以重新稳定下来。经过多年的经营后，殷变得非常繁荣。从此，殷的都城地位始终没有改变过，一直保持到了商朝灭亡，人们也由此称商朝为殷朝、殷商。

复兴大商，决意迁都

商是个奴隶制国家，早期拥有雄厚的实力。但自商王中丁之后，作为统治阶级的奴隶主贵族之间的矛盾浮现出来，出现了因争夺王位而引起的"九世之乱"，导致商朝政局发生了剧烈动荡，商朝对外也慢慢失去了控制力，原本归顺于商的各方国纷纷摆脱了商的控制，商朝日渐式微。在这一背景下，盘庚登基了。

盘庚名旬，商王祖丁是其父，阳甲是其兄。盘庚是在阳甲死后登上王位的，是商朝第20位国王，也是一位很有作为的君王，他执政28年，取得了令人瞩目的成就。

当时黄河泛滥，社会矛盾日益激化，所以盘庚决定迁都至拥有肥沃土地的殷地（今河南安阳西北），以改变当时王室内部因争夺王位继承权引发的混乱状态，使动荡的社会局面稳定下来。

耐心劝导，打破阻挠

　　对于迁都，那些大奴隶主贵族们坚决反对。因为他们的奴隶数量众多，土地广阔，还有不少的房屋，一旦迁都，他们必定会损失惨重。还有一些贵族因为留恋舒适的生活，不愿承受迁都的劳累，所以也持反对意见。这些人都希望盘庚改变主意。甚至有一些贵族仗着自己的影响力，到处煽风点火，妖言惑众，挑拨平民起来抵制迁都，使得整个京城人心惶惶。

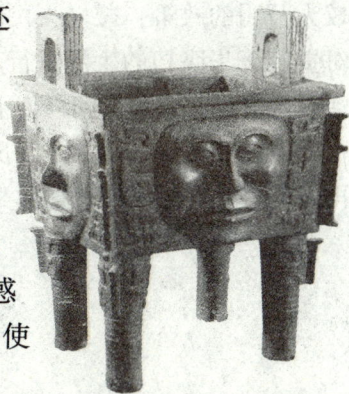

（商）大禾人面方鼎

　　这场声势浩大的反对浪潮丝毫没能改变盘庚迁都的决心。他将持反对意见的贵族们召集起来，一一开导他们。盘庚的坚持不懈最终冲破了反对派设置的障碍，各方达成了迁都的共识。随后，他下达了出发的命令。人们赶着牛车和羊群，浩浩荡荡向殷进发了。在经历了千辛万苦后，人们终于到达了目的地，然后开始了艰苦的建设工作。

营建新都，革除弊端

　　新都的建设工作是在非常艰苦的环境中开展的，当时最大的困难是储备粮严重不足，针对这一情况，盘庚采取了集中统管的方式来管理余粮，并作出规定：不分平民、贵族，所有人都必须参加劳动。盘庚本人也常常和其他人一同劳动。

殷都建成后，盘庚又对政务进行了重点整治。他奉行较为开明的政策，减轻人民的负担，反对修建豪华宫室，对贵族奢华腐朽的生活进行严厉制裁。这些措施使人民生活慢慢富足起来，商朝再度中兴。

在随后的200多年中，殷作为商朝国都的地位就始终再未变过，因此商朝又被称为殷朝或殷商。

殷墟宫殿复原建筑

武丁中兴

盘庚死后，又经过小辛、小乙的统治，王位传到了武丁手里。武丁时期既是甲骨文的成熟期，又是青铜文明鼎盛时期的开始。武丁不仅构建起一套完整的奴隶制统治机构，还组建了一支稳定的军队。他指挥军队四处征战，不仅为华夏疆域的形成奠定了基础，而且开启

武丁像

了分封制度。武丁在位长达59年，长期稳定的统治为繁荣局面的形成提供了保证，这一时期成为商代历史发展的一个关键阶段，中华民族的很多传统都是此时开始形成的。

三年不言，处心积虑

武丁成长于民间，了解稼穑的艰辛，所以执政后依然保留了当年养成的朴素的生活作风，并立志要奋发图强，重振商朝雄风。但在登上王位的初期，他却"三年不言"。实际上，这是武丁为了不把自己的智慧、才干和立场暴露在众人面前，故意采用的一种韬光养晦的策略。武

丁这样做首先与他即位后面临的政治形势有密切关系：虽然他得到了王位，但王位并不稳固，阳甲、盘庚、小辛的子嗣们经常以伊尹制定的传位方法为依据向他发难。因此，他选择以沉默示弱的方式静观时局的变化，并暗中考验大臣们对自己的忠诚程度。再者，他想通过"默以思道"的办法，寻找兴国安邦之策。

（商）饕餮纹象牙面具

静观了三年后，武丁觉得时机已到，就以先王托梦为名，将很有才干的傅说委以重任。他采纳了傅说"学于古训"的建议，承袭商汤时期的文化传统，并接受祖己提出的改革祭祀礼仪制度的建议，加入了商族特有的人文精神色彩，从而勾画出了商朝文化发展的脉络。这个时期，商朝在政治、经济、文化等各个方面都取得了前所未有的进步，人丁兴旺，社会稳定，国家实力显著增强，商朝进入了繁盛时期。

开疆辟土，四处征伐

武丁很重视农业生产，并亲自对农业生产进行监督。当时百姓生活富裕，国库充盈，为武丁对不顺从商朝统治的部落发动讨伐战争提供了坚实的经济基础。

武丁首先领兵讨伐北方草原地区的游牧部落鬼方，经过三年的战争，终于将其平定。随后，又派武将禽和甘盘收服了北方的另外两个游牧部落工方和土方，解除了他们对商朝政权的威胁。此外，武丁还消灭了西羌和江汉流域的荆楚，大大扩展了商朝的版图。

商朝有两个诸侯国叫大彭和豕韦，这两个国家的国力得到很大发展后，不甘心再臣服于商朝，中断了对商的朝贡，武丁也将他们逐一消灭。对外战争的不断胜利，使商朝的势力在四方都得到了快速扩展，商朝的国力也在此时达到了顶峰，因此历史上称这一时期为"武丁中兴"。

"盛世"背后的危机

商朝对周围各部落的征讨，使国家政局日趋稳定，人民生活逐渐安定下来；但同时也产生了很多负面的影响，如人力、物力、财力被大量消耗，人民负担加重，阶级矛盾更加尖锐，包括奴隶起义在内的各种反抗活动频频发生等。甚至可以说，在一定程度上，武丁的讨伐战争为商朝数百年的基业提前唱响了落幕的悲歌。因此，武丁中兴不仅是商朝强盛的顶点，也是商朝由盛而衰的转折点。

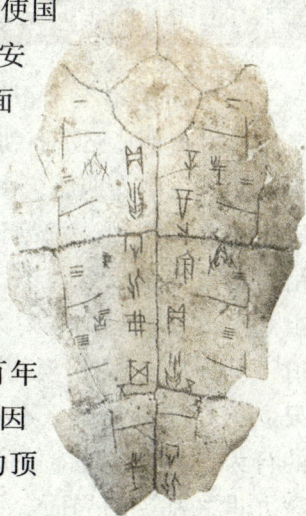

商武丁时期的征讨卜辞

祖甲创立周祭之法

商朝进入繁盛期后，由于武丁更喜爱自己的幼子祖甲，意欲让祖甲取代长子祖庚成为太子。但祖甲觉得这样做违背礼制，太子的废立不能随便进行，要不然"九世之乱"就会再度上演。所以，祖甲仿效武丁当年的做法，走出王都，去体验民间生活。这为他后来实行仁政奠定了基础，商朝繁荣昌盛的局面得以继续维持。

谦逊明理，以大局为重

商王武丁第三子祖甲，姓子名载，祖庚是其兄。商朝在武丁时期进入鼎盛期后，由于武丁更喜爱祖甲，意欲让祖甲取代祖庚成为太子。祖甲自幼就熟知礼义大道，明白大是大非，觉得废兄立弟是违背礼制、不仁义的行为，甚至有可能使商朝再现"九世之乱"的局面。于是，他仿照武丁当年的做法，走出王都，到民间去体验生活。

（商）卷龙玦

武丁去世后，王位顺利地传到了祖庚手中。祖庚有感于当年祖甲让位的行为，就将祖甲定为自己的王位继承人。祖庚在位时间大约为七年，其间政绩平平。祖庚病逝后，祖甲才回到王都，登上了王位。

勤政爱民，创立周祭

由于祖甲有过平民生活的经历，知道平民生活的艰难，所以他在坐上王位之后，遵循祖制，勤于政事，对奴隶主贵族压榨、搜刮人民的行为加以约束，甚至对《汤刑》作出改动，用严厉的刑法来约束不肖子孙。他执政30多年，其间商朝的经济、文化繁荣，国家昌盛，青铜文明也日臻发达，诸侯无论远近都向商朝纳贡，百姓生活安定。这段时期是商朝晚期政治较为清明、社会较为繁盛的时期。

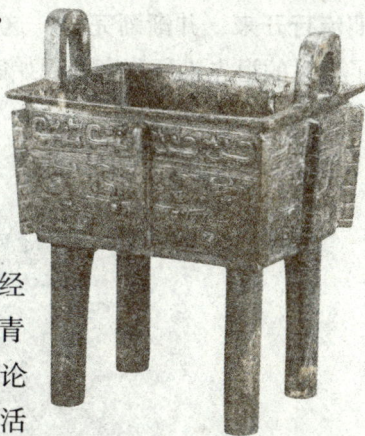

（商）亚方鼎

商人普遍用祭祀的方式来纪念先人的功德，可是由于没有对祭奠对象和次序作出规定，所以祭祀仪式显得杂乱无章。针对这一问题，祖甲研究出了"周祭"之法，具体内容是：以每年第一旬（旬是周祭的单位，十日为一旬。）甲日作为开端，依照商王及其法定配偶位次、庙号的天干顺序祭祀一周，祭祀方法以翌、彡、劦为主。献祭那天的天干必须要与庙号相符，例如：第一旬中甲日、乙日、丙日应分别祭奠上甲、报乙和报丙，这样一直到癸日祭示癸（即主癸，甲骨文作示癸）；第二旬的乙日、丁日分别祭太乙（汤）和太丁；第三旬里甲日和丙日分别祭太甲和外丙。这样按旬祭祀，直到祖庚。从上甲到祖庚，用这种祭祀方法祭完要九旬。之后，再换成另两种祭法分别进行祭祀，全部祭完后，周祭才算结束。

周祭法进一步规范了商人的祭祀体系，它在商朝后半期流行开来，并渐渐完善。这一祭祀礼法最大程度地反映了当时的祖先崇拜制度和原始宗教制度。

（商）虎纹铜铙

商纣王荒淫亡国

商朝中后期，虽然因出现了盘庚、武丁这样的明君而一度"中兴"，可最终还是因为某些君王的昏聩无道而渐渐衰落下来。到第30位商王纣时，国家已经危机重重，动荡不安。商纣和夏桀一样，都是中国历史上暴君的代表，史书中将他们并称为"桀纣"。

误立太子

武乙之后，又经文丁、帝乙两王，王位传至帝辛。帝辛之父帝乙在位26年。临终时，他与其弟比干和箕子就王位继承问题进行商议。箕子主张立帝乙的长子微子，而比干则举荐帝乙的小儿子帝辛。比干认为，微子虽是长子，但其母却非帝乙正室；帝辛虽小，但其母是正室，他是嫡子。结果帝乙听取了比干的建议，遵循传统礼法，将王位传给了帝辛，没有将仁厚稳重的庶长子微子立为太子。不幸的是，帝乙这一念之差，竟给商朝招来了亡国之祸。

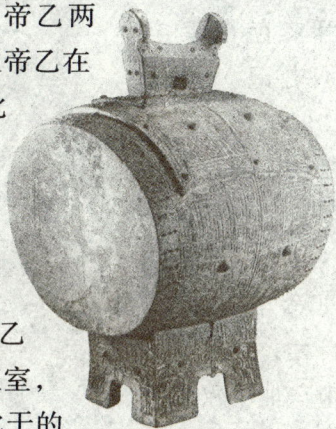

（商）兽面纹双面铜鼓

征伐东夷

帝辛执政之初，专心治理国家，勇于改革，发展生产，善待民众；他曾经在深山中训练军队，锻造兵器，还亲自领兵征讨东夷，使商朝的势力延伸到了东南一带；他还对长江流域进行了开发，使中原的先进文化和生产技术得以传入这些地区，从而加快了这些地区经济、社会的发展，奠定了中华民族统一的基础。

随着农业的发展，商朝的财宝、粮食越来越多，于是帝辛建造仓库，用来存粮聚宝。《史记》上说："厚赋税以实鹿台之钱，而盈钜桥之粟。"商朝的这种"中兴"景象，使帝辛开始骄傲自大，肆意妄为起来。他不仅独断专行，文过饰非，还不接受谏言，自以

沉迷酒色的商纣王

为是，就连对亲近大臣说话语气也越来越蛮横，最后连叔叔比干的话也不听了。

"酒池肉林"

到了后期，帝辛的蛮横程度更加严重，他追求享受，荒淫无道，滥杀无辜，残酷压榨百姓。人们敢怒不敢言，就送给他一个绰号"纣"，意思是残害无辜、背离正义，"商纣王"的称呼由此而来。到了晚期，纣王更加暴戾，为和宠妃妲己纵情玩乐，他随意强征苛捐杂税，对人民进行盘剥，无视人民的疾苦。他还大兴土木，兴建鹿台、苑囿、台榭。苑囿是他专设的皇家动物园，里面的珍禽异兽均为各地所进献。苑囿内还建有用美玉装饰的宫室，华美而壮观。

鹿台中藏有价值连城的财物，"钜桥"中堆积着很多的粮食，这些东西都是商纣王从人民手中盘剥、强征来的。商纣王还让人将好酒倒入鹿台的池中，并把烤肉密密麻麻地挂起来，像树林一般，这就是有名的"酒池肉林"。商纣王经常和很多的男女在"酒池肉林"中通宵达旦地裸体淫乐，嬉戏打闹。

此外，纣王为了满足他的淫欲，除了在宫中供养大批来自民间的美女外，还强抢大臣的妻女，过着荒淫的生活。

（商晚期）父癸爵

"炮烙" "蛋池" 之刑

在妲己的教唆下，纣王发明了一种新的刑罚，名叫"炮烙"，即用炭火把架在上面的铜柱子烧热。当铜柱子烧得滚烫之时，纣王就强迫反对自己的人赤脚在上面行走，那些人往往没走几步，就被烫得皮开肉绽，跌到炭火中烧死。见此情景，纣王和妲己就会高兴得手舞足蹈。

纣王还造了一个装有无数蛇和蝎子等毒虫的蛋池，凡是反对他的人都会被扔入池中去喂毒虫毒蛇。

纣王的暴行让一些正直的大臣痛苦万分，他们纷纷进谏，希望他有所克制，多行仁政。然而，纣王不仅没有听进去，反而用炮烙或扔进蛋池的方法将进谏的人残害至死。

纣王越来越昏庸残暴，两位王叔比干和箕子也分别被他杀死和囚禁，甚至连他的太师、少师都携商的祭乐器投靠了周。纣王最后陷入了孤立无援的境地。西方诸侯的首领，后来的周武王认为，征讨纣王的时机已经来临，就以"替天行道"为名征伐商纣。商军全面溃败，纣王回到商都，在鹿台之上自焚而死，商朝从此灭亡。

殷墟
——光耀千古的青铜之都

作为商朝晚期的都城遗址，殷墟是中国历史上诸多有确切文字可查，并为考古学和甲骨文所证明的古代都城遗址中建造时间最早的一个，这一点在甲骨文的记录和考古发现中都得到了证明。殷墟遗留下来的文化遗产十分丰富，它从不同侧面将中国古代繁荣的青铜文明展现了出来，是华夏先民为推动人类社会进步所献出的一份厚礼。100多年来，人们对殷墟的考古挖掘不但促使中国近现代考古学在这里诞生，而且还使殷墟成为了约3300年前的、在历史上一度消失的商文化的标志。

殷墟中的甲骨文

殷墟是我国商朝晚期的都城遗址，其范围覆盖了今河南安阳洹河的南岸和北岸。如今留存下来的遗迹包括宫殿宗庙区、王陵区和众多家族墓地群、甲骨窖穴、铸铜遗址、制玉作坊、制骨作坊等。在我国诸多有确切文字可查的并在甲骨文上以及考古发现中都得到证明的古代都城遗址中，殷墟是最早的一个，其历史约3300年之久。

殷墟甲骨文是中国古汉字体系的主要代表。在世界四大古文字体系中，它是唯一一种在经过了几千年的发展变化后流传至今的文字，它的历史就是深邃的中华文明的发展史。

安阳殷墟遗址

迄今为止，殷墟中共挖掘出约15万片甲骨，其上约有4500个是单字，已经解读出的单字大概有1500个。由于甲骨上记录的内容涉及范围广，涵盖了商朝晚期社会生活的各个领域，因此它又有人类历史上最早的"档案库"和"百科全书"的美誉。在长时间的发展过程中，中国文字虽然在书写形式上经历了金文、篆书、隶书、楷书等字体的演变过程，可甲骨文以形、音、义为特点的文字构成和基本语法一直留存到现在。甲骨文还深刻影响了中国人的思维方式和审美观念，为中国书法艺术的形成和发展打下了基础。

青铜器的宝库

1978年，殷墟曾挖掘出4000余件青铜器，数量之大在世界上是绝无仅有的。其中一些形态巨大的青铜器都发掘于大型墓葬中，像发掘于侯家庄的牛方鼎（通高74厘米）、鹿方鼎（通高62厘米）等，而发掘于武官屯的后母戊大方鼎高133厘米，重量达到了875千克，是目前世界上发现的最大的古代青铜器。一些大墓中还挖出了精致的方彝、提梁卣，嵌有松绿石的装饰器、人面具和各种材料制成的不同兵器，其中数量最多的是镶有松绿石的铜器。另外，从各个大小墓葬中还找到了鼎、甗、斝、罍、觚、爵等成套的饮食器，戈、矛、矢镞、马头刀等大批的兵器和不同种类的车马饰器，这些青铜器的数量大得惊人。1936

妇好墓中的随葬品

年至1937年，单在小屯村就发掘出了200余件这样的铜器。这些青铜器的出土，表明商朝的青铜加工业具有极高的水平。

举世罕见的墓葬

在对殷墟进行的70多年的考古发掘过程中，共有8000余座墓葬被找到，其中不仅有王陵，还有大批宗族墓。这些墓葬类别不一，有带墓道的大墓、长方竖穴墓、无墓圹墓及祭祀坑等，在世界其他文化遗址中，这种情况极为罕见。

这些墓葬有着严格的

（商）后母戊大方鼎

等级划分，陪葬器物的大小、形制、组合方式、数目都是墓主人地位、身份的象征。王陵不仅规模宏伟庞大，而且还有很多的殉葬者，随葬礼器也都十分精致。而一般的坟墓既没有棺又没有椁，与这些大墓形成了强烈的反差。通常一个装有一块牛骨的灰色绳纹陶盆，就是这些坟墓中唯一的陪葬品。此外，有不少中小型墓葬里面随葬有少量的铜用具或铜兵器。

西周

礼乐文明时代（前1046～前771年）

农神后稷

劳动工具的改进促使原始农业的生产技术不断进步，生产规模也不断扩大，农业在社会生产中的地位日渐提高。在部落联盟进行社会分工的过程中，专门管理和指导农业生产的农师或农官产生了。我国最早的农师是后稷，他出生于原始农业的急速发展时期。作为古时周族的鼻祖，后稷对于中华民族的发展有着非常特殊的贡献。

卵生的农神

后稷，本名"弃"，是古时周族的鼻祖。相传帝喾长妃姜嫄因踩过巨人留下的足印而怀孕，10个月之后，她生出了一个浑圆的大肉球。姜嫄很害怕，就把这个肉球先后扔到远离宫城的小巷、深山和池塘中，但那肉球却平安无事，而且没有任何动物敢来侵害它。最后肉球里蹦出一个胖胖的、肤色发红、皮肤细嫩的小男孩，他就是后稷。由于后稷被抛弃过一段时间，因此"弃"就成为了他的名字。他奇特的出生经

后稷像

历间接地将母系氏族社会中知其母不知其父的现象体现了出来。

相传，弃会栽种不同种类的粮食作物，还给尧、舜做过农官，教授人民耕地种粮之法。人们认为，稷和麦的种植是从他开始的。

天才农艺师的成长

弃从小就与别的小孩不同，他十分热衷于观察野生稻子、谷子、小麦、高粱的发芽和生长过程。

他长大后，眼见人们过着狩猎、采摘的生活，食物来源毫无保障，便开始试着种植一些麦子、稻子、大豆、高粱和瓜果，并以木头和石块为材料做出了一些简单的农具，以提高种植效率。

就这样，弃逐渐积累起了丰富的农业生产经验，并总结出一套播种方法：先选取一块潮湿、肥美的土地，将它进行翻松，松到一定程度后，在里面种上优质的种子；为了让禾苗更好地生长，还要对禾苗浇水、施肥；另外，要将妨碍禾苗生长的杂草全部根除掉。使用这套方法后，他所种的农作物不仅有粗壮的根茎，还有大而厚的叶子，所种出的大豆荚子弯而长，粟的穗子分量足，麦子颗粒丰满，所结果实个大味美。

人们知道弃可以培植出不错的农作物后，就都来向他求教种植方法，就这样，模仿他的人不断增多。他将自己所有的农耕知识一点不剩地教给了人们，帮助人们慢慢脱离了原来依靠打猎、捕鱼、吃野果来维持生计的生活。

农业之神

尧帝听说了弃的事迹，就举荐他出任农师一职，想让他发挥杰出的才能，带领人民进行农业生产，提高粮食产量。舜帝继位后，又授予弃农官一职，并将他册封到邰地（今陕西省武功县境）。后来，这一官职一直被他的后人所承袭。到第15代时，这个官位传到了周武王手中。

弃没有辜负人们的期望，他勤勤恳恳，在下大力气开展农业生产的同时，还把农业生产的方法和经验推广开来，先进的耕作方法得到大范围的普及，农业生产获得了很大的成就，给天下万民都带来了益处。大禹治水时，弃执行舜的命令，带领百姓开垦荒山，挖井开渠，在山上栽种树木，并抓住时节播种，从而解决了治水大军的粮食问题。

后来，在弃和他的下属的努力下，邰地的农业技术水平快速提高，人口不断增多，生活也富足起来。这为周族的形成和壮大奠定了良好基础。

人们为了铭记弃的伟大功绩，就给他冠以后稷（后的意思是君王，稷的意思是粮食。）的尊称，并将他作为农业之神供奉起来，永远享受后人的祭拜。

公刘初兴周道

周族繁衍到第三代，其首领换成了公刘，他"复修后稷之业，务耕种，行地宜"，领着周族人开荒造田，兴修水利，栽种五谷，发展畜牧，推广农耕文化，在华夏农业区域的形成和发展过程中发挥了巨大的作用。另外，他还领导周族成功抗击了北方少数民族的侵袭。可以说，公刘时代就是周民族步入鼎盛的开端。

继承父志，复修后稷之业

公刘之父是鞠，他是在鞠离世后成为周族部落领袖的。他将周族先人的治国思想和方法融会贯通，形成自己的一套治国之道，这对周族的发展起了重要作用。他能力出众，为人民做了很多好事。

公刘遵循祖父不窋、父亲鞠的教导，忠诚地秉承了先人后稷传承下来的美德，沿着祖父、父亲走过的道路，继续"务耕种，行地宜"，因地制宜，大力发展农耕经济，周族的耕地面积因此得到持续增加，其范围直抵现在的陕西北部及甘肃平凉地区的西边。此外，他还领着周族人翻山越岭，从漆、沮之地穿过渭水，抵达秦岭地区，将这里可以用于建筑的材料运回去，投入到房屋修建和其他工程建设中，由此渐渐改善了周族人的生活条件。他靠德政治理民众，因此得到了人民的拥戴。

在公刘的领导下，周族人的生活水平节节攀升，四周一些外族人受到吸引，纷纷举家迁来。由此，周族变得越来越强大，开始走上了繁荣之路。

人民作诗歌颂公刘的恩德

在周族早期的首领中，公刘取得的功绩最大，产生的影响也最深远。他不仅拓展了整个豳地的地域版图，还为农耕文化的发展做出了巨大贡献。夏桀二十二年，由于屡屡遭到北部民族犬戎的侵扰，公刘带领北豳人离开北豳，向南来到了公刘邑，豳地领土由此得到大范围的拓展。在周族历史上，这次迁移行动意义重大，周族由此开始走向强盛。《史记》中这样记录道："周道之兴自此始。"

在公刘的领导下，农业经济在自然条件相对不错的今董志塬、早胜塬和彬长三地得到发展，豳国也正式建立。人们感激公刘的贡献，因此写下诗歌对他的功德进行赞颂。诗歌《诗·大雅·公刘》就是其中的一首，诗中每一小节都用"笃公刘"作为开头。"笃"有厚之意，"笃公刘"即意为忠厚的公刘。

后来，公刘将首领之位传给了其子庆节，庆节和他之后的皇仆、差弗、毁隃、公非、高圉、亚圉、公叔祖类、古公亶父等周族首领都在豳地大力发展农业。之后，为了躲避戎狄的侵扰，古公亶父领着周族人又迁移到了岐山周原。从这时起，该部族开始称为周。

太王好色

从公刘之后至古公亶父之前的一段时间里，周族的发展出现了停滞现象，国势有所回落。后来，古公亶父又"复修后稷、公刘之业"，从而为周人灭商做好了准备。在古公亶父所取得的功绩中，将周族迁移至岐山南面的周原及开启翦商大业是其中最重要的两项。此外，他感情专一，十分爱他的妃子太姜。孟子称赞他说"大王好色"（"大王"即太王），令"内无怨妇，外无旷夫"。古公亶父是历史上首位倡导一夫一妻制的领袖。

继承先祖遗风，积德行义

古公亶父是公刘第九代子孙，生于公刘邑，是季历之父，周文王姬昌的祖父。在古公亶父取得的功绩中，有两项最重要，分别是将周族迁移至岐山南面的周原及开启翦商大业。周武王夺取天下后，还追封古公亶父"周太王"的尊号，在太、吴姓族谱中，古公亶父也被尊为先祖。

古公亶父在位时，正处于商王武乙时期。他秉承了周人先祖的遗风，将精力全部投入到了开发豳地的事业中

（西周）蟠龙饕餮纹铜罍

来。后稷、公刘开创的事业在他手中又一次得到发展。他广行善事，生活简朴，与民同住，一起劳动，深得民心。古公亶父了解到戎人艰难的生活状况后，不仅让人教授他们农业生产技术，还免费将粮食种子提供给他们。很多戎人听从他的召唤，开始了从传统游牧生活向农耕定居生活的转变。

在周族历史上，由于他既秉承了后稷、公刘的事业，又为周文王、周武王的鼎盛时期准备了条件，因此是一位承上启下的关键人物。

仁义大度，避让戎狄迁岐

当时在西北一带散居着一个犬戎部落薰育，他们仍然过着相对原始的游牧生活，不知道如何进行耕种。他们发现古公亶父部落十分富裕后，就常常侵扰豳地，抢夺财物。古公亶父并未予以镇压，反而满足了他们的种种要求。犬戎得寸进尺，除了财物，还要抢夺周族的土地和人民。这一下激怒了周族人，他们纷纷要求同犬戎开战。

古公亶父不愿见到双方百姓在战争中死去，经慎重考虑后，决定向犬戎让步，将族人世代所住的豳地让给对方，往南部迁徙。

古公亶父领着自己的家人和部属，离开豳地，跋山涉水，最后在岐山下安定下来。没过多长时间，豳地的人民就都拖家带口地搬到岐山来了。周围国家的民众听说了古公亶父仁爱忍让的名声后，也纷纷投靠了过来。

宠爱姜女，夫妻感情深厚

古公亶父不仅因为行德政而受到后人的称赞，他专一的爱情观也赢得了人们的钦佩。姜是西羌东部的一个部落，和周部落相邻。姬是周族族姓，周族与姜部族世代互有通婚。古公亶父与姜部族的太姜成婚后，一直全身心地爱着她，从未纳过妾。而在古公亶父翻山越岭、重建家园的过程中，太姜也不辞辛苦，始终不离其左右。后来，孟子用"大王好色"来称赞古公亶父对爱情忠贞不渝的态度。

（西周）玉环

定国为周，开始翦商事业

周原位于岐山脚下，这里是一片肥沃的土地。古公亶父与太姜领着人们在这里拓荒种田，挖沟排水，扩大农业生产，使人民过上了安定的生活。他还建造城郭，修建房屋，建立宗庙和太社，设立官职，分配职责，为周人国家的建立和强盛奠定了基础。后来，他将"周"定为国号，而且获得了商朝的准许，周人国家终于正式建立起来。

从古公亶父起，周人走上了一条稳步发展的道路，并且日益强大。同时，他们和商朝的矛盾也在不断增多。灭商的准备工作就是从古公亶父时期开始的。

季历功高震主

季历即位后，继承了古公亶父遗留下来的治国之道，和商朝贵族任氏联姻，主动汲取商文化，并增强和商的政治交流。当时，商朝领土扩展迅速，但因为统治不力，叛乱事件频繁出现。季历辅助商王平定了叛乱，稳定了局势。季历还进攻四周的戎狄部族，并不停地强化自己的武装力量，最终受到商王的猜忌，被囚而死。

兄长避位，季历勤政

季历是周太王古公亶父的小儿子，周文王姬昌的父亲，也称作王季、公季。

史料记载，季历的哥哥太伯、仲雍为使自己的侄儿姬昌能名正言顺地登上王位，就跑到异地，以避开传位之事。于是，古公亶父死后，季历继承了周的王位。

季历登上王位后，遵循了古公亶父的遗训，亲力亲为，处理政事非常勤奋。他推行多种举措来强化防御力量，发展生产，增强国家实力。

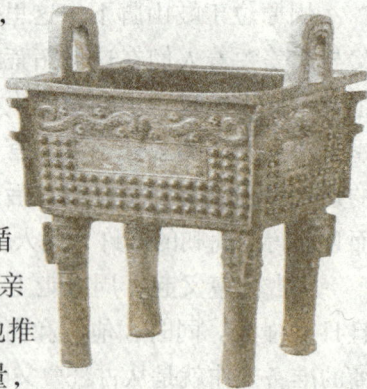

（西周早期）作册大方鼎

他和商朝贵族任氏联姻，主动汲取商文化，并加强同商的政治往来。他还通过向商王武乙纳贡称臣，消除了武乙对势力日益强大的周族的疑心。

兼并戎狄，扩充实力

凭借商朝诸侯王的名义，季历对四周的戎狄部族发动了猛烈的进攻，并不停强化自己的军事力量。根据《竹书纪年》的记载，周"伐西落鬼戎，俘二十翟王"，"伐余无之戎，克之"，"伐翳徒之戎，获其三大夫"，"伐燕京之戎，周师大败"。虽然在拓展势力的过程中，周人也有所损失，但获得的成果却更大。不但铲除了西方的祸患，安定了后方，还增强了自己的实力。这时的周族呈现出蓬勃向上的势头，势力渐渐逼近商朝。

当时，商朝的版图已经超出了自身所能控制的范围，因而武乙在统治西方的时候，需要仰仗周国之力。在周侯季历的辅佐下，武乙遣出将领，将在西方叛乱了数年的方国们彻底平定，商朝政局重新得到安定，季历也借机壮大了自己的力量。武乙三十四年（公元前1114年），季历在拜见武乙时，得到了武乙的奖赏。这时的周国已成为了商的一大隐患，强大的实力令商王也拿它没有办法。

功高震主，被囚困而死

文丁从其父武乙手中接过王位后，依然对周奉行怀柔政策，以消除周对自己的威胁。季历则继续四处征伐。他在打败并吞并了余无戎后，将获胜的消息呈报给文丁，并献上俘虏和战利品，文丁将牧师之职授予季历，作为对他的奖赏。牧师有地方诸侯首领之意，专享讨伐大权，文丁此举是希望季历能继续为他稳定边疆。季历功勋卓著，影响越来越大，不久又对始呼戎进行了征讨，同样获得了胜利并将其收服。几年后，季历又将翳徒戎击败，并亲自将其三个首领献给文丁。

为了抑制周势力的扩张，文丁利用此次季历亲自来报告胜利消息并进献战俘的机会，表面上慰劳季历，授予他西伯侯的爵位，暗中却安排伏兵，趁季历没有防备之时，突然将他逮捕，并投入了大牢。季历其实并无背叛商朝的念头，他为自己的冤屈而愤懑不平，不久就在商都朝歌苦闷地死去了，历史上称为"文丁杀季历"。随后，季历之子姬昌即位，他就是赫赫有名的周文王。

（西周）原始青瓷罐

西伯昌治岐

　　西伯昌统治周族50年，没有辜负祖父古公亶父的殷切期望。他为振兴周族，灭掉商朝而苦心孤诣，可是尚未出师便去世了。虽然他没有推翻商朝的统治，但是已经实现了"天下三分，周占其二"。西伯昌的儿子姬发，即周武王继位后，趁势推翻了商朝，建立了周王朝，完成了振兴周族的大业。

太任胎教，圣君诞生

　　季历的妻子叫太任，她聪明贤淑，出身于周人的同盟姜姓部落，深得季历的宠爱。太任有孕时，据《列女传·母仪传·周室三母》记载说："寝不侧，坐不边，立不跸，不食邪味。割不正不食，席不正不坐，目不视于邪色，耳不听于淫声。夜则令瞽诵诗，道正事。"由此看来，太任可能是中国首位注重胎教的母亲。

周文王姬昌像

太任分娩时，据说有一只羽毛火红的鸟飞了过来，鸟嘴中衔着一方满是红字的绢帛，停落在产房的屋顶上。绢帛上写着："唯有小心翼翼，方能确保事业有成。唯有奋发图强，方能世世代代繁荣。"婴儿的祖父古公亶父目睹此景，非常开心，认为这个婴儿是上天派遣来振兴周族的人，所以给婴儿起名叫"昌"。这个孩子长大后继位，袭"西伯侯"封号，被人们称作西伯昌，他就是历史上的周文王。

暗蓄力量，发誓灭商

季历的死不仅没有遏制住周人发展的势头，反倒加深了周人与商的矛盾。姬昌继位后，不仅提高了对商朝的防备，还将商视为自己的敌人。他在执政的第二年，便对商进行了征讨，结果大败而归。这次惨败让西伯昌清楚地意识到，周的实力与商相比还存在着较大差距，唯有全力提高国家实力，加强军事力量，伺机而动，方可一雪杀父之仇。随后，西伯昌表面上做出百分之百臣服于商朝的样子，暗中却不断招揽能人贤士，发展国力，誓死要消灭商朝，替父报仇。

商王帝乙时，东夷发动叛乱，为避免腹背受敌的局面，帝乙就将自己的妹妹许配给西伯昌，还就季历的死向周人进行了道歉。帝乙暂时缓解了商和周之间的矛盾后，将东夷的叛乱镇压了下去。

西伯昌也抓住这个机会休养生息，努力进行农业生产，扩充自身实力。

慈惠有谋，礼贤下士

西伯昌气宇轩昂，仁爱和善，用人唯贤，在西方诸侯中声望甚高。诸侯们有了纠纷都会请西伯昌来裁决，而不去找商王。西伯昌曾不言而教，化解了虞国和芮国的边界纠纷，使得两国自愿依附周国。其后，相继前来归顺的诸侯竟达40个。

西伯昌在治岐的时候，对内施以仁政，主张"怀保小民"，积极发展农业生产。他采取了"九一而助"的政策，也就是农民有自己的田地，但还要出力耕种公田，缴纳九分之一的税。其他的措施还有商人出入不交税，男人犯罪妻子不连坐等，施行这种宽容温和，征税有度，保证农民有剩余的政策，目的是激发人们劳动的热情，加快生产的发展。此时的周族已步入封建社会初级阶段的封建领主制社会，又叫作"封建农奴制社会"。

对外，西伯昌广纳贤才，求贤若渴。无论是来自其他部落的贤才，还是来自商纣王朝的人才，他都礼贤下士，委以重任。像太颠、闳夭、散宜生、鬻熊、辛甲等能人异士，都纷纷投奔他，甘愿效劳。西伯昌自己则勤勉节俭，在尽力治理国家之余，还穿着普通

（西周）作旅彝卣

人的衣服，还去田中辛勤劳作。

由于西伯昌推行仁政，贤良多谋，德高望重，后来又有30个国家前来归顺。此时，西伯昌已深得人心，为自己的继承人建立周朝奠定了坚实的基础。

西伯昌统治时期，周族步入了一个崭新的发展时期。他内举明政，励精图治，积极发展农业生产，还颁布了"有亡荒阅"的律令，博得奴隶主贵族的爱戴与支持，社会经济、文化得以迅速发展；他还外修武功，依次收服了西北的戎狄诸部落，消除了后顾之忧，进而挥军东下，讨伐属于商朝的方国，并且将周国的政治中心从周原迁到丰邑，也就是今天的陕西西安市长安区。许多邦国部族纷纷依附，周人的势力不仅覆盖整个关中平原，还波及东淮、江汉，实现了对商都朝歌的包围。此时，周尽管在名义上仍然臣服于商朝，但周的势力已经严重威胁到商朝的存亡。不过，直到西伯昌去世，周人都没有推翻商朝的统治，表面上仍对商朝俯首称臣。

韬略鼻祖姜太公

姜尚大半生怀才不遇，贫困潦倒，直到垂暮之年才受到文王、武王的重用，得以施展抱负，是非常典型的大器晚成。他担任周的最高军事统帅，先后辅助周文王倾商与周武王灭商，是西周的开国功臣。他还亲手缔造了齐国，是齐文化的奠基人。姜尚还是中国古代一位伟大的韬略家、军事家和政治家。儒、道、法、兵、纵横等各家都将姜尚奉为开山鼻祖，他可以说是"百家宗师"。

出身贫寒，胸怀大志

姜太公像

姜尚，名望，字子牙，出生于东夷（今山东境内）。相传，姜尚的祖上是贵族，在舜统治时期当过官，因功被封到吕这个地方，也就是今天的山东日照，因此他又被称为吕尚。后来吕氏家道败落，到姜尚出生时已沦落为贫民。为了糊口，姜尚年轻时曾在商都朝歌（今河南淇县）

宰牛卖肉，还到孟津（今河南孟津县东北）当垆卖酒。他虽然贫困，但穷而志坚，一直都勤学不辍，孜孜不倦地钻研和探求治国安邦之道，希望有一天能够施展抱负，建功立业。

姜尚经过努力地学习和积累，终于学富五车，有经天纬地之才。听说周文王求贤若渴，广纳贤才，他便果断地离开无法施展抱负的商朝，来到西周境内的渭水之畔，在磻溪隐居，终日垂钓，冷眼旁观世态变幻，伺机出山。

姜尚钓鱼，愿者上钩

有一天晚上，西伯昌梦见一只飞熊迎面扑来。第二天他醒来后觉得这是个吉梦，便乘坐马车，带领护卫出宫。名义上，他是为了出行狩猎，实际是为了寻觅贤才。他走到渭水边时，看到一个白发苍苍的老者，大约七八十岁，正端坐河边垂钓。老人对经过的车马和护卫恍如未闻，全神贯注地坐着钓鱼，而且喃喃而语。

西伯昌非常讶异，便走下马车，来到老人身旁。他听到那老人念念有词："上钩啊！上

姜太公垂钓

钩啊！愿意来者快上钩。"再看向水中，发现老人的鱼钩是直的，光秃秃的也没有鱼饵，而且鱼钩远离水面。西伯昌感觉这老人不是凡人，便和他攀谈起来，了解到这老人叫姜尚。西伯昌发现姜尚满腹经纶，谈吐不俗，而且在天文地理、时事政治、兵法谋略方面无所不通，简直是个奇才。西伯昌便虚心向姜尚请教兴国安邦之道，姜尚向他提出了"三常"之说："一曰君以举贤为常，二曰官以任贤为常，三曰士以敬贤为常。"西伯昌听后非常欣喜，遂邀请姜尚同他一块乘车回宫，辅佐自己成就霸业。

辅佐明主，完成伟业

姜尚是个杰出的良相。为了兴周灭商，他不负厚望，制定了一系列内政和外交措施。对内，他推行轻徭薄赋等一系列经济政策，让农民帮助耕种公田，缴纳九分之一的赋税。每八家分私田百亩，大小官吏都分有土地，并可传给子孙，当作俸禄。这些政策极大促进了农业生产的发展，奠定了伐商的经济基础。对外，姜尚他实行韬光养晦的策略，表面上事商甚恭，用来打消纣王的戒心，暗地里却联络各诸侯国，慢慢笼络商的盟邦，剪除商朝的羽翼，使商朝陷入孤立无援的困境。在姜尚的精心谋划下，愈来愈多的诸侯国和部落前来归顺周，使周渐渐占领了殷商王朝的大多数领地，形成了"天下三分，其二归周"的局面，给最后消灭殷商，完成统一大业创造了良好条件。

遗憾的是，周文王在伐商前夕不幸染病，还没来得及大展宏图便去世了，留下了未竟的灭商大业。

西伯昌去世后，儿子姬发继位，他就是历史上著名的周武王。武王姬发为兴周灭商大业继续努力，他拜姜尚为国师，并尊称为"师尚父"。姜尚也初衷不改，继续尽心辅佐周武王。

武王姬发不管惩罚还是奖赏，都小心谨慎，力求令出如山。如此一来，周朝更加繁荣昌盛，叛离商朝、归依周朝的人愈来愈多，兴兵伐纣的日子已经指日可待。

当周朝已经羽翼丰满，而商朝已到穷途末路时，姜尚衡量局势，认为灭商的时机已经成熟，便亲自担当主帅，率领三军，以"吊民伐罪"为口号，联合各个诸侯国共同进军商都朝歌。

韬略始祖，千古武圣

后人将姜尚尊为中国的谋略家始祖、千古武圣，其治国治军思想集中体现在《六韬》一书中。他并非片面地就军事而论军事，而是从哲学家的高度，以政治家的眼光，将政治和军事、治国与治军有机地结合起来，正因为如此，他各个策略推行后都立竿见影，成效显著。在中国历史上，姜尚的影响非常深远，司马迁就曾评价说："后世之言兵及周之阴权，皆宗太公为本谋。"

姜尚前半生命运多舛，颠沛流离；后半生得遇明主，一展宏图，成就不世之功。他的一生充满了传奇色彩，堪称一代奇人。

武王伐纣

周武王继位以后，遵循西伯昌定下的灭商大计，加快了准备的步伐。此时，商纣王已经察觉到周人对商朝造成的巨大威胁，决定兴兵讨周，无奈这一计划因东夷族的叛乱而中断。纣王调集了所有主力部队进军东夷，结果导致西线兵力匮乏。与此同时，商朝的统治集团内部矛盾重重，斗争越来越激烈，武王、姜尚等人把握这千载难逢的良机，大举伐纣，推翻了殷商的统治。

殷商溃乱，决意征伐

武王一边严整武备，一边不断遣人去查探殷商的动静。通过探子的汇报，武王等人得知殷商已是"谗恶近用，忠良远黜"：王叔比干遭到剖胸挖心的残害；箕子装疯卖傻，被罚为奴；微子感到前途无望，弃官出走，在外隐居；太师疵、少师彊见纣王昏庸无道，执迷不悟，便怀抱着商朝的宗庙祭器出逃；黎民百姓受到残酷压榨，怨气冲天，敢怒而不敢言。武王同姜尚认真剖析了时局，认为

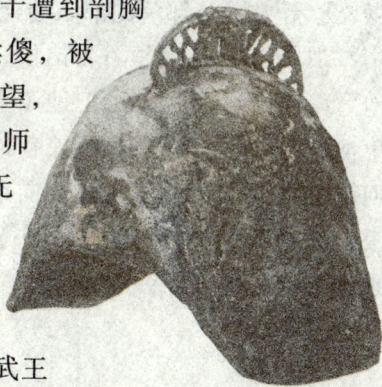

（西周）青铜胄

殷商已到了穷途末路，伐商的时机已经完全成熟，便按照文王"时至而勿疑"的遗嘱，毅然决定举兵伐商，并通告各个诸侯国，联合进兵朝歌。

盟津誓师，同仇敌忾

出征前夕，太史占了一卦，卦象大凶。百官看到这个不吉利的兆头，面色如土。但武王伐商之心已定，不信鬼神之说，仍旧命令姜尚担任主帅，统帅着300乘兵车，3000名虎贲，45000名甲士，声势浩大地东进伐商。大军渡过盟津以后，同反商的庸、卢、彭、濮、蜀、羌、微、髳等方国及部落的部队会合，并誓师伐商。

（西周）利簋

其后，武王率领着各诸侯、部族的军队，从盟津急速地冒雨东行。周军来到汜地（今河南荥阳汜水镇），从那里渡过了滔滔黄河，日夜兼程地向北进发。来到百泉（今河南辉县西北）后，又转而向东，直逼朝歌。周师一路都没有遭到商军的有力抵抗，畅行无阻，只用了6天的时间便来到了朝歌的郊外——牧野。

布阵牧野，庄严誓师

周军在朝歌的郊外牧野布好阵法，并庄严地誓师，历史上称作"牧誓"。

武王在誓师大会上——列举了纣王的暴行，鼓励众人要齐心协力灭商，要奋不顾身地勇往直前，不推翻纣王的统治，决不班师回朝。这番誓词大大激发了出征将士同仇敌忾之心。

然后，武王又庄严宣告了作战中的要求：每前进六七步，就要立定整队，用来保持队伍的整齐；每击刺四五次或者六七次，也要立定整队，用来稳定阵脚。他还申明不许杀害降兵，以此来瓦解商军的军心。

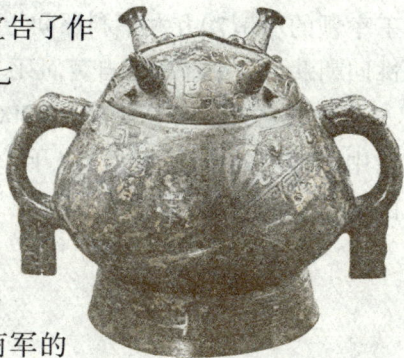

（西周）青铜双龙纹簋

誓师后，各个诸侯遣来作战的战车已经多达4000乘。武王和姜尚决定，先让三军驻扎下来，稍作休息和整顿，然后再一举攻克朝歌。

牧野决战，纣王自焚

周军前来进犯的消息传到朝歌，朝廷内外万分惊慌。纣王迫于形势，仓促调集亲兵、侍卫和服苦役的奴隶，以及那些助纣为虐的诸侯小国的军队，总共征集了70万大军。纣王亲自率军在牧野的北面摆开战阵，要和周军决一雌雄。

武王的部队是训练有素的精锐之师，作战英勇顽强，剽悍无比，而纣王虽有70万大军，却大多是仓促武装起来的奴隶和从东夷捉来的俘虏，他们都是被迫参战，并不愿为残暴的纣王卖命。

周军休整后，武王发出号令，向商军发起总攻。周军刚一进攻，商军就纷纷倒戈，掉转矛头帮助周军作战，纣王率领的所谓70万大军刹那间土崩瓦解。纣王本人则被迫逃回朝歌，后来在鹿台自焚而死。

牧野之战结束了殷商王朝400余年的统治，确立了周朝在中原地带的统治秩序，拉开了空前繁荣的西周礼乐文明的序幕，也深刻影响了中国历史的进程。

周武王分封天下

　　周武王推翻商朝的统治，建立了疆域空前辽阔的奴隶制王朝。西周统治者吸取了商朝覆亡的深刻教训，以宗法制度作为基础，创建了"封诸侯、建藩卫"的制度，也就是分封制。分封制使周文明迅速辐射、扩散，为中华文明的形成奠定了雄厚的基础。

以殷治殷，分而治之

　　周军虽在牧野之战中大获全胜，但殷商在旧有的区域内仍然拥有较大的势力。周武王为了安抚民心，维护来之不易的成果，巩固刚刚建立的新政权，便在殷人故里采取了以殷治殷、分而治之的策略，对殷商的遗民加以安抚笼络。他将纣王的儿子武庚封为殷侯，命他继续管理殷商的遗民。同时，武王还将商都周围千里的地盘划分为三个小国，分封给自己的三个弟弟，命他们悉心管理，并负责监视武庚的举动，号称"三监"。武王还下令将纣王时期监押的百姓全部释放，整修商朝忠臣比干

周武王像

的坟墓，释放贤臣箕子等显贵并使其官复原位。对于纣王用来享乐的财物、粮食，武王将它们一一散发下去，接济那些饥民和贫困的百姓。自从武王实施了这些措施后，殷地不久就趋于稳定了。

分封天下

　　对于其他的地方，武王采取了封邦建国的策略。他把全国划分成若干个诸侯国，分封给在伐商中贡献突出的大臣和姬姓亲族；允许各诸侯拥有军队，但务必时刻听从周天子的差遣，按期向天子献贡、朝贺；准许诸侯世代因袭，并可以在封国内分封卿、大夫；对各诸侯，天子有奖惩削爵的大权，对诸侯国中册封卿、大夫等事务，天子也有权过问。分封制是周朝政治的基本框架，它使以周天子为首的等级制度得以确立，对当时全国的统治起到了巩固和加强的作用。

（西周）青铜天亡簋

周公辅政

姬旦是武王之弟，周文王的第四个儿子，中国古代杰出的政治家。他辅助周武王向东伐商，之后又尽心辅佐周成王治国，还规范礼乐体系，使周国政清治明。由于姬旦的封地在周，爵位是上公，因此又称"周公"。

武王重病，以身替死

西周建立之后，因为操劳过度，周武王健康状况愈来愈差，统一天下后的次年便染病在身，而且逐渐恶化，病入膏肓。武王因其子尚幼，为江山社稷着想，欲传位于弟弟周公旦，周公闻悉后感动万分，他一边婉言谢绝，一边同召公、姜太公占卜吉凶。

占卜吉凶时，周公向三位先王祷告说愿以己之身，代替武王去死。周公祷告完毕后，巫师便接着祈祷，恳求让周公承担武王遭受的灾难。此后，他们在三王的灵位前占卜，结果得了上卦，卦象大吉。周公兴奋地去拜见武王，祝贺他得此吉兆。后来，周公把自己祈祷以己身代替武

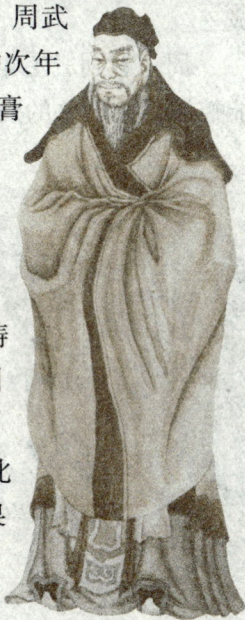

周公像

王受难的竹简藏在一个木匣里，然后用金丝带捆好，并训诫看管匣子的人，不许他将这件事泄露出去。

周公于武王病危之时，以天下大局为重，向三位先王虔诚地祷告，愿代替武王受难，他这种无私高尚的情操，弥足珍贵。

握发吐哺，鞠躬尽瘁

最后，武王仍然病逝了。武王英年早逝，此时其长子姬诵年仅13岁，还是个幼稚的孩童。在周公、太公、召公等大臣的拥戴下，姬诵继承了王位，他就是历史上的周成王。

周公看到成王年幼无知，不能担当起治国重任，也不能控制复杂险恶的局势，为周朝基业着想，他果断决定，

岐山周公庙

由自己出面代替成王摄政，处理国家事务。

　　周公摄政后，求贤若渴，他担心会错过世间的贤者，所以即便在洗澡沐浴之际，如果有人前来谒见，阐述治国方案，他也会及时出来接待；就是在吃饭时得到这样的消息，他也会吐出嘴里的饭菜，急不可待地去接见贤者。由于慕名来投奔的人才很多，所以他常常"一沐三握发，一饭三吐哺"。

归政成王，谨守臣道

　　周公主政7年后，成王已经成年，于是他便将政权还给成王，自己则重回大臣的原位，恭顺地谨守臣下的礼节。当然，周公并未因为归政而撒手不理政务。一方面，成王对他十分尊重和信赖，事事征求他的意见，另一方面，他自己时刻不忘身为臣下的职责，不断地向周成

周公吐哺

王进献忠言，教导周成王要广纳贤才，从谏如流，切忌好逸恶劳，虚掷韶华，时时事事都要以国家、百姓为重。

　　经过周公的悉心辅佐，周成王取得了突出的政绩。在中国历史上，为了争夺权位，子弑父、父杀子的血腥事件

屡见不鲜，而周公却以他宽广的胸襟、高深的智慧辅佐侄子姬诵，新王朝步入正轨后，他又将国家大权慷慨地归还给侄子，体现出了难得的高风亮节。

圣人做宰，遗风万古

周公还政三年后，便在镐京颐养天年，没过多久就患了重病。后来，周公因病去世，成王将他葬于文王墓侧。

周公不仅追随文王南征北战，奠定了周朝的基础，而且还帮助武王推翻了商朝的统治，建立了西周王朝，之后又将幼年的周成王培育成材，使新建的周王朝统治趋于稳定。他主政7年，可谓显赫一时，但是当成王成年后，他却无私地还政于成王，高风亮节，令人钦佩。

周公不但是一位卓越的政治家，而且是中国文化的开创者之一。在中国的历史长河中，周公的人品、睿智与涵养举世无匹，旷古未有。他的贤德历百世而不衰，是中国历史上公认的道德楷模。

管蔡叛乱

周王朝建立初期，面临着内忧外患。商朝的遗老遗少时刻打算复辟，周公摄政又违背了王位世袭制中父死子继的规则，所以周室统治集团内部矛盾重重。后来，商朝遗民和周室内部的反对派相互勾结，发动叛乱，周公毅然粉碎了他们的阴谋。这次战争意义重大，是周公继辅佐武王伐商后，立下的又一显赫功勋。从此，周王朝的政权日趋稳固。

周公摄政，流言四起

周公主政，导致朝廷内外一片哗然。管叔、蔡叔是武王的另外两个弟弟，分别被封为管、蔡国君。他们在殷地担任纣王之子武庚的师傅，督促训导武庚。武王死后，周公成为周王室政权的核心人物，管叔、蔡叔却未受重用，他们因此心怀不满，四处传播流言蜚语，说："周公现在摄政，目的就是想篡位。"不满周公的管、蔡二人代表的是朝廷之外、地方诸侯中的一股势力，他们从外向朝廷内部施加压力。霎时间种种谣言满天

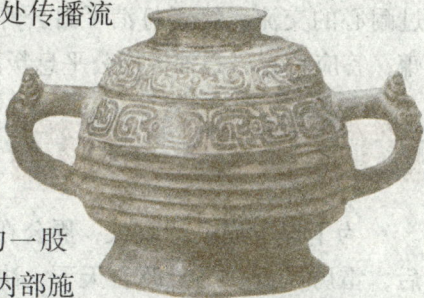

（西周）卷龙纹铜簋

飞，许多民众不明真相，信以为真。

召公姬奭当时官居太保，位列三公，他也不满周公主政，并对周公心怀猜忌。他担心周公摄政之后乘机扶植自己的势力，最后篡权夺位。疑忌重重之下，他也组织了一股势力，在朝廷内部同周公抗衡。

三监叛乱，沉着应对

管叔和蔡叔这个小团体企图篡权夺位，他们勾结了蠢蠢欲动、妄想复辟的武庚等商朝遗民以及一些唯恐天下不乱的东夷诸侯国，乘周朝内部产生矛盾之际，举起反对周公的大旗，兴兵作乱，历史上称为"管蔡之乱"，也叫"三监之乱"。

此时，外有管叔、蔡叔等诸侯的反叛，内有召公等权臣的猜忌。面对这种严峻的形势，周公首先从维持内部的安定团结入手。他命人邀请来姜太公和召公，对他们表明自己的心迹。周公苦口婆心地解释自己摄政的原因，并承诺一旦成王长大，自己必定归还大权，决不贪恋权位。通过耐心的交流，终于打消了召公等人的疑虑，他们尽释前嫌，答应一起尽心辅佐周公平息叛乱。

果断出击，东征平叛

为了捍卫周朝的政权，周公在打消了朝廷内部的猜忌后，雷厉风行，马上昭告天下，决定平息管、蔡的反叛，历史上称作"周公东征"。

东征的首要目标是殷商的复辟势力，周军势如破竹，很快平息了武庚之乱。同时，周公另外派遣了一支部队进攻管叔的领地，杀死了兴风作浪的管叔。接着，周军又进军蔡叔的领地，将蔡叔生擒后放逐。不久，另一个参加叛乱的王族霍叔被迫投降归顺，东征的第一阶段取得胜利。

之后，周军陆续平定了以徐为首的东南九夷的叛乱，接着又乘胜北上，逼降奄国。奄降周之后，薄姑等山东北部和东部的诸侯国也都纷纷投降。

巩固成果，周朝稳定

为了巩固东征的胜利果实，周王朝实行了一系列重要的政治、军事政策。对于殷商旧民中冥顽不化的势力，周公逼迫他们迁到洛邑一带，修筑了周城，供其定居，并挑选周人编为军队，在周城驻守，号称"成周八师"。此外，周还收编了"三监"的残余武装力量，又从被征服区域征集了许多人，编为"殷八师"。

周公的这次东征宛如狂风暴雨般扫过了黄河下游，打乱了原本的民族部落格局，有利于促进各个民族的大迁移与大交融。经过这次东征，周朝巩固了统治的根基，其疆域也得到极大的拓展，东到大海，北至辽东，南至淮河流域。

周公制礼乐

　　西周初期，周公姬旦摄政，他制定了一系列完备的"周礼"制度，这套周礼在西周和东周的国家制度中居于主宰地位，它使黎民百姓的生活习俗得以定型。这套周礼机制把商朝的宗教、政治体制和周朝本身的宗族、政治体制、信仰结合起来，使新石器以来华夏民族那种以上天为主宰，以宗族、宗法为根基的文化思想得到大力弘扬。在此基础上，青铜时代华夏文明的形态得以确立。

谋求长治久安

　　周公平息了反叛，振兴了成周。接着，他又兴师动众，着手制定礼乐制度，历史上称作"周公制礼"。

　　"制礼作乐"中的"礼"注重的是"区别"，也就是"尊尊"；"乐"起到的作用便是"和气"，也就是"亲亲"。既有区别，又有和气，二者是维护周朝内部安定的重要因素。周礼的内容极为丰富，大至国家的大政方针，小至个人的日常举止，都有详尽的要求。宏观方面包括宗法制、

（西周）井叔钟

分封制和国家重要事务的制度礼仪，微观方面主要涉及个人的婚丧嫁娶、成人仪式、祭祀活动等等。总体上分为5类：第一是吉礼，用来祭奠鬼神；第二是凶礼，用在丧葬灾凶方面；第三是宾礼，用于来聘款待；第四是军礼，用于军事行动；第五是嘉礼，用在酒宴婚冠。乐便是音乐。在当时，音乐为少数奴隶主所独享，是一种特权，哪些场所、哪些级别能使用哪些音乐，都有着严格的规定，绝不能混淆。礼与乐互为辅助，是维护周王朝森严的等级体制的工具。

确立尊卑贵贱

推行周礼需要着手解决的焦点问题就是划分尊卑贵贱的等级，也就是宗法制，往深处延伸就是明确继承制。周公首先明确了嫡长子继承制度。自从明确了嫡长子继承制后，拥有继承权的仅有嫡长子，这就在法律上消除了王室其他人夺取王位的可能性，起到了维护和稳固统治阶级政权的效果。嫡长子继承制是宗法制的中心内容。周公还将宗法制和政治体制融合为一体，创建了一系列为奴隶主服务的完整的制度。

宗法制不断发展，必然会衍生出一套等级森严的礼制，极力维持着父尊子卑、兄尊弟卑、天子尊诸侯卑等等级关系。这套礼法是隶属关系的外在表现，反过来又维护着宗法制，归根结底是维护父权制，巩固周天子的政权。假若有人违背了它其中关于礼仪、居室、服饰、用具之类的详尽规定，便会被看作是非礼、僭越。

礼乐文明的巅峰

在中国文明史上，周礼的出现代表着奴隶制时期中央集权发展到了巅峰。周公一边吸取前人的教训并加以归纳，一边汇总了周人的实际经验，在此基础上制礼作乐。周朝的统治者希望通过周公制作的礼乐，使周朝的社会体制、国家制度和人们的生活方式及观念皆合乎礼的规范，行事符合礼的标准。从此以后，中国历史翻过了3000多年，其间尽管改朝换代过许多次，可是周公在周初制作的种种礼制皆延续了下来，尤其是婚姻制度，即使在今天仍有较大的影响。

后来，儒家学者将周礼加工整理成专门的礼学巨著"三礼"——《周礼》《仪礼》《礼记》，西周的礼制这才发展成一个完整、齐备的体系。在汉朝之后的2000多年中，周礼的中心思想仁、义、礼、智、信等已变为中华民族道德举止的规范，有着举足轻重的影响。

（西周）驵琮

成康之治

周成王和他的儿子周康王继承了先辈留下的基业后，勤俭朴素，任人唯贤，竭力缓解阶级矛盾。"成康时代"是周朝最为兴盛的时期，历史上记载"天下安宁，刑错四十余年不用"，因此该时期有"成康之治"的美誉。

成王奠定盛世基础

成王承继了文王和武王的基业，勤政俭朴，任人唯贤，努力缓和阶级矛盾。他请周公参照殷朝旧礼，根据周国固有的体制，相互参补，制定出一套维护奴隶制政权的体制，推广各种周朝的典法制度，并且大力开展文化教育，大力推行周武王时就已存在的分封制，以巩固周朝的王权、加强周朝的统治。这些举措给成康之治打下了坚实的基础。

康王勤政，天下安宁

后来，周成王染病，忧心儿子姬钊难当国家重任，便命令召公、毕公精心辅助。没多久，成王病逝，康王姬钊继位。康王统治期间，为了加大对番邦的统治力度，周朝不停地讨伐东南区域的部族，并将抢掠到的奴隶和领土赏赐给诸侯与大夫。

周朝初期借鉴了殷商亡国的教训，对奴隶比较宽容，安排他们进行农耕，从事农业生产，所以人民的生活水平有所提高，社会比较稳定。周成王姬诵、周康王姬钊共计在位40多年，社会上形成了安定团结、繁荣兴盛的局面，历史学家称赞说

周康王像

"成康之际，天下安宁，刑错四十余年不用"。

但到康王后期，成康之治就已显出了许多颓败迹象，比如周康王沉迷酒色、穷兵黩武、滥施刑罚等。

昭王南征

康王驾崩后，他的儿子姬瑕继位，即周昭王。昭王十六年，他亲自率军南征楚荆，直达江汉流域。南征耗时3年，昭王班师回朝，渡汉水之际溺水而亡，举国震惊。西周经此打击，便愈发走向没落了。

养尊处优，劳民伤财

周昭王名姬瑕，康王之子，在康王死后即位。姬瑕年轻时娇生惯养，掌握王权后又缺乏贤臣的辅助，不久便穷奢极欲，荒诞不经。他极爱琪花瑶草，珍禽异兽。

周昭王像

有时，闻悉某地发现了奇禽怪兽，他便会当即抛开政务，匆忙跑去狩猎。在他的统治下，吏治腐败，国运衰颓，一些诸侯国也渐渐违抗天子的圣旨，而且不再进贡了。昭王仍旧不知悔改，反而一味滥用民力，穷兵黩武。

北方的戎狄见周朝衰落，便趁机猖狂横

行，而在南方，慢慢壮大起来的楚国也开始违抗周朝的命令，和周朝的矛盾逐渐激化。

昭王十六年，周昭王亲率大军南征，讨伐楚国。在出征之前，周昭王先领兵对东夷诸国展开了征战。当时，淮夷、徐夷再度反叛，不肯降服。为了巩固后方，周昭王首先率军东进。东夷诸国审时度势，自知无法与周军抗衡，便相继归附昭王。到昭王正式征楚时，已有26个东夷、南夷的邦国前来向周俯首称臣，周朝巩固了对东方的统治，使楚国陷于孤掌难鸣的境地。

在后来征楚的过程中，昭王亲任统帅，处处炫耀，大讲排场，还没出征就已经先遣人到南方打理行宫，使得沿途小邦国背上了沉重的负担。

好大喜功，落水而亡

昭王十九年，昭王为了得到奇禽白雉鸡，亲率大军第二次征讨楚国。沿途又逼迫人民运送粮草，驾船拉纤，并提供精致可口的食物和美酒。他们征募了百姓的船只，但用过后又将船毁坏，致使民怨沸腾。

昭王率军渡过汉水以后，开始攻打楚国的都城丹阳，但是久攻不下。楚王自忖难敌周军，于是遣人向昭王求和。昭王便顺水推舟，将楚王严厉训斥了一顿，并在楚国境内大肆搜刮民脂民膏后方才班师，号称出师大捷，班师凯旋。昭王在归途中一直游玩狩猎，抵达汉水岸边时，他吩咐手下再次募集民船。楚国渔民对昭王心怀不满，便在船上动了手脚。昭王的手下不明就里，征走了这些船。

昭王与属下们坐到船上，满载着诸多物品，开船渡河。船行驶到江心时，一下子散了架，昭王和许多大臣掉到了水中。

昭王不会游泳，溺水身亡。大臣们认为昭王这样死去，传开来不好听，便秘不发丧，后谎称昭王患病暴亡。

由盛而衰的转折

周昭王南征被淹死，是中国历史上的大事之一。它不仅是周王朝盛极而衰的转折点，同时也意味着楚国正逐步走向繁荣富强，能够和周朝分庭对抗。后来，楚国发展成春秋五霸之一，傲视南土，逐鹿中原。

昭王南征给周朝带来了沉重打击，从此以后，周朝再也不能掌控"南土"了。楚国挣脱了周朝的束缚，在江汉流域不断发展壮大。昭王死后，他的儿子周穆王继位，西周的社会矛盾日益加深，国运日趋衰落。

（西周）师酉簋

周穆王西巡

周穆王统治周朝达55年。他酷爱游玩，导致政务废弛。经由昭、穆二代，西周的国力已大大衰弱。与此同时，西北区域的戎狄却渐渐崛起。

两征犬戎，打通西域

周穆王是西周的第五代国君，是周昭王的儿子，名字叫作姬满。他是中国历史上传奇色彩最浓郁的帝王之一。据说，他活了105岁。

穆王统治时期，穷兵黩武，四处征战，大力拓展国家的疆域，将周朝的影响力一直延伸到了边远的西部区域。当时，地处西北方的犬戎渐渐崛起，经常跑到中原地区抢劫，并且拒绝向周朝进献贡品。周穆王亲率大军，两次出征犬戎，俘获了他们的五位大王，得到了四条白狼、四只白鹿当作战利品，还强迫一部分戎人迁移到太原（今甘肃镇原等地）。穆王征服了犬戎，铲除了通往西域的障碍。在中国的史书上，这是关于中国和西域进行交流的最早的记录。

浩荡西巡，与西王母唱和

周穆王酷爱游玩。中原和西域的道路畅通无阻之后，他便着手组织了声势浩荡的西巡。古本《竹书纪年》记载说，穆王通过青鸟（今甘肃敦煌），一直前行到昆仑，同母系部落的首领西王母相逢于瑶池。在先秦的史书以及六朝神怪小说中，也记载了这段美丽的神话传说。《列子·周穆王》记载说："穆王不恤国是，不乐臣妾，肆意远游，命驾八骏之乘……遂宾于西王母，觞于瑶池之上。西王母为天子谣，王和之，其辞哀焉。"

这次西游有利于人们了解西域的地理状况、风土人情，也有利于各民族的相互交流。

周游天下，饱览山川美景

周穆王到处征战、远游的故事盛传不衰。他的游历范围非常广，依据晋朝汲冢出土的战国竹简《穆天子传》的叙述及注本的解释，我们可以得知，周穆王不但到陇西征伐犬戎，在张掖南山同西

西王母乘凤返瑶池图

王母相会，而且还曾到达兰州等地，深入到河宗之邦及礼河。他在青海湖附近观赏昆仑丘与舂山，到武威地区访问巡骨、重黎等部落，在疏勒河、北山地区狩猎。他抵达居延海、巴丹吉林大漠，穿越了滚滚的流沙，渡过了黄河与济水，畅游了太行、漳水、滹沱河、雁门山等山川，还曾奔驰在阴山、蒙古高原、塔里木盆地、葱岭、中亚等地，行程共达19万公里。

周厉王止谤

　　周穆王之后，王位历经周共王、周懿王、周孝王、周夷王，传到了周厉王手中。周厉王在位时，用高压政策统治人民，实行"革典"。由于他蛮横残暴，致使民怨沸腾，吏治腐败，国家分崩离析，最终引起了"国人暴动"，给周朝的统治以沉重打击。

历始革典

　　周厉王是周朝的第十代国君，他在位时周国的社会矛盾错综复杂，日趋激化。周厉王生性暴戾。在他看来，父亲周夷王过于仁慈，对诸侯大夫宽厚纵容，导致王室的号召力一天不如一天。加上周朝一直大动干戈、征伐周围的少数民族，日久天长，使得国势日益没落，国库也逐渐空虚。周厉王决定革除弊端，在国内推行新政，以达到增强国力、维护周朝统治的目的，此即历史上的"历始革典"。

　　在政治领域，他致力于削藩，也就是削减诸侯的力量，尤其是那些实力雄厚的诸侯。除此之外，为了监管各地的政事，厉王还任命一些叫作"牧"的钦差大臣，把他们派往各个诸侯国。由于这些措施大大损害了诸侯的利益，而且在许多方面过于苛刻，因而引起了各个诸侯国的强烈不满。

国君暴戾，止谤于民

周厉王不但颁布了严苛的新政来钳制各诸侯国，而且还牢牢控制了江河湖泊、山丘原野等自然资源，严禁人民使用，美其名曰"专利"。人们但凡进山采药、砍柴伐木、捕鱼捉虾、狩猎禽兽，甚至是取水行路等，一律都要缴纳赋税。

当时，人们称居住在城市里的平民为"国人"，居住在乡野的平民为"野人"。在周都镐京居住的国人非常不满周厉王的暴政，他们牢骚满怀，经常聚在一起抨击时弊。

周厉王为了堵住国人的嘴，颁布了一道圣旨，严禁国人谈论国事。他还派遣了大批暗探出去，让他们监视人民，一旦碰到非议"专利"、乱发牢骚的人，就格杀勿论。这一蛮横的措施使得周朝内外人心惶惶，人们抑制住愤怒，把所有不满都咽到肚里，再不敢谈论国事了，即便在路上遇到街坊、邻居及亲戚，也仅仅是目光交流，连嘘寒问暖的话都不敢说，唯恐祸从口出。

（西周）厉王时期的铜簋

堵众人口，国人暴动

召穆公劝谏周厉王说："防民之口，甚于防川。"可周厉王将召穆公的话当作耳旁风，依旧一意孤行地贯彻他的改革方针。新政策的颁行除了引发诸侯和平民的不满外，还给众多的下层贵族带来了损失，引起了他们的强烈抵制。周厉王对所有的反对与不满，一律采取高压手段强行镇压。

公元前841年，人们终于忍无可忍，千千万万的百姓在贵族的默许和鼓励下联起手来，发动了声势浩大的起义。这些备受欺凌的人们杀气腾腾地冲向王宫，准备除掉周厉王。厉王无奈之下，只得和数名近臣在夜色的掩护下夺路

防民之口，甚于防川。

而逃。他们一口气逃到了彘邑（今山西霍县），总算是躲过了一劫。这便是历史上著名的"国人暴动"。

共和行政，开始纪年

　　参加暴动的人们闯进王宫后，发现厉王早就逃走了。人们不肯罢休，听说太子静在召穆公府中避祸，便将召穆公的府邸围得水泄不通，逼迫他献出太子静。召穆公无计可施，只好交出了自己的儿子，谎称是太子静。人们不辨真假，顿时打死了假太子。

　　周厉王逃之夭夭，"太子"也已毙命，贵族们便推荐周定公和召穆公一起主持国政，如有重大事务则交由六卿一起商议，人们称这种政治体制为"共和"。这段历史被叫作"周召共和"，还叫"共和行政"。人们将公元前841年作为"共和元年"。就是从这一年开始，中国历史才有了确切的纪年。

　　共和十四年（公元前828年），周厉王殁于彘邑，太子静登上天子宝座，是为周宣王。周宣王见国家日益衰败，便决心振兴周朝。他励精图治，在召穆公等大臣的精心辅助下，周朝出现了"中兴"的局面。

宣王中兴

宣王登上王位后，重用召穆公、周定公、尹吉甫等大臣，重振朝纲，并且粉碎了西北几个少数民族的侵略阴谋，讨伐了东方的徐戎、南方的荆楚和西方的犬戎，使日渐衰微的周朝一度实现中兴。

前事不忘，励精图治

周厉王统治天下时，将姬静立为太子。厉王在彘邑病逝后，太子静继位，这就是历史上的周宣王。周宣王目睹了"国人暴动"的发生和周厉王的结局，并将其铭记在心。因此执政初期，他尤为谦虚勤勉，兢兢业业地担负起自己的责任。

在政治上，周宣王从谏如流，事事征求臣民的意见，从不独断专行；在吏治上，周宣王一再告诫大小官员，让

（西周）虢季子白盘

他们恪守职责，切忌贪婪、嗜酒、作威作福；在经济上，周宣王废除了厉王的"专利"方针，将山川林木开放给民众，还给奴隶分配了公田。这些措施实行后，周朝很快扭转了衰败的局面，稳定了政局，又开始慢慢繁荣起来。

讨伐荆楚，横扫南土

西周后期，四面的少数民族不停地侵犯中土。周宣王命尹吉甫、南仲等大臣率军，打退了西北几个少数民族的侵犯。东夷部落被西周的军威所震慑，再次答应向周朝臣服，并进献贡品。此后，周朝又重新控制了淮河流域。可是东夷刚刚归顺周朝，又被实力更雄厚的楚国征服，南淮地区的贡品络绎不绝地输送到楚国。

周宣王遂命令申伯修筑了南方的防御工事，并决定"讨伐荆楚，横扫南土"。这次讨伐楚国的统帅是召穆公，他率领周军将楚军打得落花流水，在楚国的地盘上长驱直入，"日辟国百里"。楚国人兵败如山倒，无奈之下顺着荆山山脉举国南迁。

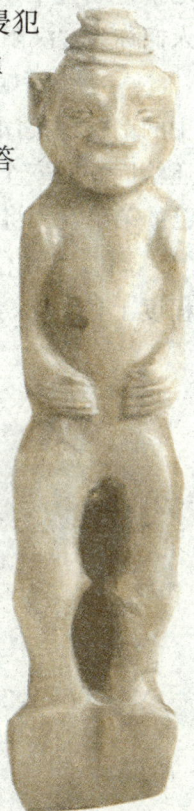

（西周）人形玉铲

汉阳诸姬，制楚先锋

宣王先在中土南面修筑了一道防御工事，用来保障周朝的安全；然后效仿祖宗周武王和周成王的分封制，在以周国为中心的中原各诸侯国和楚国之间的广袤土地上，缔造了一个大规模的诸侯国集团，作为抑制楚国北犯的缓冲地带。周宣王亲自册封新建立的诸侯国集团，这一集团被人们称为"汉阳诸姬"。

"汉阳诸姬"地处江汉流域，是西周所封的以姬姓为主的诸侯国集团，它不但是周朝向南方推进的战略基地，还给周朝的安全提供了保障。此外，周宣王还将郑封给自己的弟弟友，将谢封给舅舅申伯，用来保卫周王室。

周宣王在位时制定推行的种种有利的政策，在某种程度上使内外矛盾得以缓解，不但使经济稳定发展，还

（西周末）人足兽錾匜

一度恢复了周王室的权威，历史上将这段时期称作"宣王中兴"。

实际上，周朝的稳定只是暂时的，并不是彻底的稳固。在中兴的面纱下，西周的种种社会矛盾和冲突持续不断，阶级对立也日益尖锐，很多诸侯不再听从周王室的号令，有的甚至还想起兵谋反。后来，周朝对周围少数民族的战争也屡屡失利。在种种矛盾逐渐激化的背景下，西周的统治已呈现出山雨欲来风满楼的危局。

晚年昏聩，离奇死亡

周宣王晚年独断专行，不肯采纳不同的主张，后来还患上了疾症。有一次，宣王带领随从去外面游玩打猎，在旅途中，他突然坐在车上高声尖叫，然后就昏死过去，人事不省，连太医也无计可施。几天后，他就这么离奇地去世了。

周宣王虽然晚年昏聩，但是就其一生来看，他在治理天下方面仍是功多过少。就是在他的努力下，西周才有了宣王中兴，他对西周后期一度再现的富强与繁荣起了极其重要的作用。宣王死后，他的儿子周幽王继位，社会冲突接连不断，阶级矛盾更加激化，最终，西周王朝还是走向了灭亡。

周幽王烽火戏诸侯

宣王死后，周朝对少数民族的侵扰心有余而力不足，只能眼睁睁地看着戎狄等少数民族前来侵犯。到周幽王时，西周气数已尽。史书说周幽王"性暴戾，少思维，耽声色"，极其迷恋美人褒姒，曾为博得佳人一笑而烽火戏诸侯，最后终于使国家灭亡。

昏君即位，沉湎于酒色

周宣王驾崩后，其子宫湦继位，这便是周幽王。周幽王更加昏聩，终日纸醉金迷，沉湎于酒色之中，不问政事。西周的局势愈发动荡不安，种种社会冲突持续不断，矛盾重重。自然灾害也接连不断，频频发生地震、旱灾等祸患。

当时，周朝的诸侯国褒国的国君因向幽王进谏，被幽王囚禁了。褒国人将美人褒姒进献给周幽王，才使幽王释放了自己的国君。幽王极其迷恋褒姒，可是褒姒却生来不爱笑，时时都摆着一张冰冷的美人脸，幽王为此十分烦恼。为求褒姒一笑，他发布了一道告示：无论是谁，只要能令褒姒展颜一笑，便赏金千两。

宠爱褒姒，烽火戏诸侯

为了防范西方戎狄的侵扰，西周在骊山等地修筑了许多烽火台。这些烽火台有20多座，每隔几里就有一座。假若戎兵前来进犯，守护第一道关口的士兵就会点燃烽火，第二道关口的士兵看到前一道关口的烽火后，也会点燃烽火，依次相传，附近的诸侯一看到烽火，便会率军前来援救。周幽王的宠臣虢石父，一贯溜须拍马，很会讨幽王欢心。他给幽王献了烽火戏诸侯之计，想以此博得褒姒

烽火戏诸侯

一笑。

　　于是有一天，周幽王便陪着褒姒，前呼后拥地来到骊山。在烽火台上，幽王命令士兵燃起烽火。骊山地区霎时狼烟四起，附近的诸侯看到烽火，连忙率军赶到骊山，准备救援周幽王。褒姒看到骊山下风风火火地赶来许多兵将，过了不久又吵吵嚷嚷地离开了，便询问周幽王发生了什么事。周幽王原原本本地说给她听，褒姒感到很有趣，不由得莞尔一笑。周幽王看到褒姒笑了，当下欣喜万分，赏赐给虢石父一千两金。

失信天下，身死国亡

　　周幽王后来废掉了王后和太子宜臼，将褒姒立为王后，将褒姒生的王子伯服立为太子。王后的父亲申侯听说女儿和外孙被废，十分气愤，便勾结犬戎共同攻打周都镐京。

　　周幽王闻悉犬戎来犯，连忙吩咐虢石父去点燃骊山上的烽火。烽火燃烧起来，一时浓烟滚滚。但诸侯们有了上次的教训，以为幽王又在拿他们取乐，所以都按兵不动。周幽王这边战鼓再响亮，烽烟再浓重，也未见一个救兵。

　　周幽王的部队军备废弛，诸侯们又不来救援，镐京不久就沦陷了，幽王和太子伯服在逃命时被人杀害，褒姒也成了犬戎的战利品。犬戎撤退后，宜臼在诸侯的拥戴下即位，他就是历史上的周平王。平王于公元前770年迁都洛邑，西周宣告灭亡，中国从此进入了东周时期。

书 目